1679

Das Buch

Es stapeln sich die Abhandlungen darüber, warum »Populisten auf dem Vormarsch« sind und wie »Demokratien sterben«. Einem guten Dutzend neuer Autokraten rund um den Globus ist es gelungen, mit trivialem Gerede, überraschenden Coups und unsäglichen Drohungen alle Aufmerksamkeit auf sich zu ziehen.

In diesem Buch geht es um etwas anderes: um Opposition, Protest und Widerstand. Es zeigt zweierlei: dass die Freiheitsverluste in Russland, der Türkei und den Vereinigten Staaten, aber auch in Polen und Ungarn auch unsere Freiheiten bedrohen. Und dass eine ähnliche Entwicklung in Deutschland keineswegs ausgeschlossen ist, vielleicht schon begonnen hat.

Aber der Aufstieg der Autokraten ist aufhaltsam. Das Buch führt vor, wie sich Protest, Opposition und Widerstand in Parlamenten und auf den Straßen, in Gerichtssälen und Kommunen, in religiösen Gemeinschaften und Gewerkschaften, in der Wissenschaft, in den Medien und in den Künsten regt. Und es fasst zusammen, wie Verweigerung funktioniert und, wenn alle Stricke reißen, staatliche Willkür zu bekämpfen ist.

Der Autor

Claus Leggewie, geboren 1950, ist Politikwissenschaftler.

Von 2007 bis 2018 Direktor des Kulturwissenschaftlichen Instituts Essen, Mitherausgeber der »Blätter für deutsche und internationale Politik«.

Von ihm erschienen bis heute zahlreiche Bücher zu politischen Themen, u.a. »Der Geist steht rechts« (1987), »Multikulti. Spielregeln der Vielvölkerrepublik« (1990), »Die Türkei und Europa« (2004), »Anti-Europäer – Breivik, Dugin, al-Suri & Co.« (2016), »Europa zuerst. Eine Unabhängigkeitserklärung« (2017).

INHALT

Griff nach der Notbremse. Ein Vorwort 7

Es ist hier geschehen
Artikel 20 **13** – *Falsche Analogien, später Alarm* **20** –
Variationen zivilen Ungehorsams **32** – *Mutmaßungen
über X* **38**

Es kann überall geschehen
Russland: Rebellionslust und Revolutionsangst **55** –
Tamam: türkische Opposition in der Diaspora **77** –
Polen und Ungarn: EUropa gegen die Autokratie **91** –
Trump und das andere Amerika **117**

Es muss nicht geschehen
Kontext und Kulisse **154** – *Belebung im Hohen Haus?* **159** –
Opferschutz **163** – *Wir sind mehr!* **165** – *Mit Rechten
reden* **171** – *Sagen, was ist* **176**

Ausblick: Wie man Autokraten loswird
Hoffnungszeichen **183** – *Nicht rechts, nicht links?* **189** –
Der Thunberg-Effekt **197**

Anmerkungen **201**

GRIFF NACH DER NOTBREMSE
EIN VORWORT

»Marx sagt, die Revolutionen sind die
Lokomotiven der Weltgeschichte.
Aber vielleicht ist dem gänzlich anders.
Vielleicht sind die Revolutionen der Griff
des in diesem Zug reisenden
Menschengeschlechts nach der Notbremse.«

Walter Benjamin

Greta Thunberg hat die eindrucksvollste Bewegung des
Jahres 2018 angestoßen. Millionen Menschen in der ganzen Welt wissen jetzt, dass die 16-Jährige, um die Gleich-
gültigkeit im Kampf gegen gefährlichen Klimawandel zu
überwinden, freitags die Schule schwänzte und einen
Sitzstreik vor dem Parlament in Stockholm machte. Sie
forderte die Verantwortlichen auf, endlich die Notbremse
zu ziehen: »Wenn ein paar Kinder es schaffen, Schlagzei-
len auf der ganzen Welt zu bekommen, indem sie einfach
nicht zur Schule gehen, dann stellen Sie sich mal vor, was
wir alles erreichen könnten, wenn wir es wirklich wollten.«[1]
Dieser individuelle Akt zivilen Ungehorsams breitete sich
aus wie ein Lauffeuer. In Deutschland gingen Schüler und

Studierende über Wochen hinweg auf die Straße, Gruppen wie Extinction Rebellion, die das nicht minder gravierende Problem des Artensterbens bewegt[2], blockierten Straßen und Brücken. Für den September 2019 ist »Earth Strike« angesetzt, der bis dato größte Klimaprotest weltweit. Das ist naiv – im Sinne Immanuel Kants, der Naivität als »Ausbruch der der Menschheit ursprünglichen Aufrichtigkeit wider die zur anderen Natur gewordenen Verstellungskunst« gewürdigt hat. Damit ist man gern im Bunde.[3]

Aber wie soll es weitergehen? Protestbewegungen flauen ab, ihr Erfolg bemisst sich auf mittlere Sicht an *politischen* Kurswechseln. So wichtig also Korrekturen am Lebensstil sind, die Greta Thunberg konsequent vorexerziert, so unabdingbar bleibt doch eine Gesetzgebung, für die man Mehrheiten braucht. 2019 drohte die Europäische Union eine Menge Jungwähler zu verlieren, die sich über die im Europäischen Parlament beschlossene Reform des Urheberrechts geärgert hatten. Genau wie versäumter Klimaschutz beförderte auch diese zu wenig erklärte Reform die Parteiverdrossenheit. Doch würde ein Absentismus aus Protest genau die Kräfte stärken, die menschengemachten Klimawandel leugnen und das Internet für Propaganda und Manipulation missbrauchen.

Gretas Beispiel leitet hier kein Buch über Klimaschutz ein, es geht um Formen des Widerstands gegen autoritäre Regime und Tendenzen. Beides hängt stärker zusammen, als es auf den ersten Blick erscheint. Dass die Energiewende in Schweden nicht vorankommt, liegt an der Schwerfälligkeit der dortigen Innenpolitik, aber vor allem daran, dass die Regierungen der Vereinigten Staaten, Russlands und Brasiliens, als Hauptverursacher von CO_2-Emissionen unverzichtbar für die Einhaltung des Pariser Abkommens, die Verringerung von CO_2-Emissionen verweigern und sich aus der multilateralen Klimapolitik verabschiedet haben. Die Rechte proklamiert Heimatschutz und setzt wider besseres Wissen die Heimat heutiger und künftiger Generationen aufs Spiel.[4]

Gretas mutige Aktion ist also auch ein Anstoß für den Widerstand gegen den »Rechtspopulismus«, genauer: den völkisch-autoritären Nationalismus, der alte und neue Demokratien in ihrem Kern angreift. Thunbergs bohrende Frage, warum wir »nichts unternommen haben, obwohl noch Zeit dazu war«, richtet sich auch an alle, die der Aushöhlung ihrer demokratischen Rechte widerspruchs- und tatenlos zusehen. »Stellen Sie sich mal vor, was wir alles erreichen könnten, wenn wir es wirklich wollten!«

Hier wird die politische Komfortzone verlassen. Richtete sich das Interesse zuletzt auf die mehr oder weniger akademische Frage, »wie Demokratien sterben«[5], ist es nun höchste Zeit zu verstehen, wie Autokratien zu bekämpfen und zu überwinden sind. Sie werden nicht irgendwann implodieren oder von außen zerstört – beherzte Opposition, Protest und Widerstand sind notwendig, jetzt. »S'brent! Briderlekh, s'brent! oy, unzer Shtetl brent!« An diesen Alarmruf angesichts der Pogrome vor hundert Jahren wird jetzt im Blick auf den neuen Antisemitismus verschiedenster Provenienz in Deutschland erinnert. »Brennt die Stadt oder bereiten sich die Brandstifter erst vor? Die Brandgefahr besteht jedenfalls – doch die Feuerwehr darf nicht in die falsche Richtung geschickt werden.«[6] Der 1933 aus Nazideutschland geflüchtete Sozialwissenschaftler Albert O. Hirschman hat ein berühmtes Theorem über »Loyalität, Abwanderung und Widerspruch« entwickelt: Normalerweise verhalten sich Menschen loyal, als Bürger zu ihren Mitbürgern und zum Staat, als Beschäftigte zu ihrem Unternehmen, als Kunden zu ihrer Marke, als Partner zu Partnern – auf dieser Vertrauensbasis funktioniert Gesellschaft. Doch gibt es Momente, wo Widerspruch notwendig wird, sofern man nicht ausweicht und die Exit-Option, d.h. die Ab- oder Auswanderung, wählt.[7] Auf dieses so einfache wie ingeniöse Konzept werde ich im Folgenden immer wieder zurückkommen und eine vierte Option – Wider*stand* – anfügen. In Zeiten reaktionärer Vergangenheitsseligkeit und blinden Zukunftsvertrauens ist Geistesgegenwart gefragt, es braucht »eine Unterbrechung, einen Riss, einen Sprung, eine Sprengung der Zeit«.[8] Während sich Gesellschaften in Kategorien langer Dauer und Zyklen bewegen, handelt Politik im richtigen Moment (*kairós*) oder tut im Bewusstsein einer irreversiblen Vorentscheidung das Notwendige. Mit einer solchen »Politik der Präsenz« werden neue Anfänge möglich.[9]

Erste Skizzen dieses Buches entstanden 2012 nach einem Gespräch mit dem französischen Widerstandskämpfer, Diplomaten und Autor Stéphane Hessel im bis auf den letzten Platz gefüllten »Lichtburg«-Kino in Essen. In seinen Streitschriften »Empört Euch!« und »Engagiert euch!« hatte der damals 94-Jährige ein radikales Umdenken gefordert. Muss man, fragte auch ich mich, heute Widerstand leisten? Oder ist der Begriff »Résistance« ein Anachronismus und die Sache schon vergebens? Damals schienen der Klimawandel noch leichter aufhaltbar, die Massenflucht aus dem globalen Süden regelbar, die liberale Demokratie lebendig und ein vereintes Europa garantiert. Heute steht das alles auf dem Spiel. Auf Reisen nach Süd- und Osteuropa, an die europäische Peripherie und in die Vereinigten Staaten habe ich mir ein Bild zu machen versucht, wie sich dort Opposition, Protest und Widerstand formieren. Die autokratische Reaktion in vielen Ländern ist kein normaler Pendelausschlag auf der politischen Rechts-links-Achse, sie strebt wie im Krebsgang einen radikalen Bruch mit der liberalen Weltordnung an, die Revision aller liberalen und progressiven Errungenschaften: der Überwindung der heterosexuellen Normativität, der Gleichstellung der Frauen, der Beseitigung der weißen Suprematie und der Prinzipien multilateraler Kooperation, des allgemeinen und gleichen Wahlrechts, der Abschaffung der Zensur und selbst der Unversehrtheit der Person. Die autoritäre Welle ist in der Bundesrepublik Deutschland angekommen und stellt vieles von Grund auf infrage, wofür die nach 1945 Geborenen gelebt und gekämpft haben.

Wie also kann man Widerstand leisten? Das erste Kapitel erinnert an historische Fälle von Widerstand gegen die NS- und SED-Diktaturen in Deutschland und die vielfältigen Traditionen zivilen Ungehorsams bis in die Gegenwart. Im zweiten Kapitel vergleiche ich Formen der Opposition gegen fünf Autokratien der Gegenwart: Wladimir Putins Russland, Recep Tayyip Erdoğans Türkei, Viktor Orbáns Ungarn, Jarosław Kaczyńskis Polen und Donald Trumps Amerika und erörtere ihre Optionen und Chancen. Das dritte Kapitel befasst sich damit, wie sich entsprechende Tendenzen in Deutschland darstellen und bekämpft werden können. Gewidmet ist das Buch den Aktivisten, die 1989 auf dem Platz des Himmlischen Friedens in Beijing unter Einsatz ihres Lebens für Demokratie gekämpft haben, und den algerischen Freunden, die gerade einen der dienstältesten Autokraten der Welt losgeworden sind. Mögen wir mit ihnen das Licht am Ende des Tunnels sehen.

Gießen im Juli 2019

Für Recherchen, Ratschläge und Korrekturen danke ich Hans-Jürgen Bömelburg, Stefano Bottoni, Gábor Egry, Abdullah Erdoğan, Mischa Gabowitsch, Maciej Gduła, Masha Gessen, Ken Gude, Pawel Karolewski, Basil Kerski, Noémi Kiss, László Kontler, Ferenc Laczo, Erik Meyer, Dóra und Reka Kinga Papp, Maximilian Roth, Sigrid Ruby, Greg Sargent, Karl Schlögel, Michael Selee, Gerhard Seufert, Scott Shuchart, Michał Sutowski, Kristóf Szombati, Csaba Tóth, Balázs Trencsényi, Yunus Ulusoy, Michael Werz. Alle Fehler gehen auf mein Konto. Dank geht auch an meinen Lektor Helge Malchow und die Universität Gießen, die mir ausgezeichnete Forschungsmöglichkeiten bietet.

ES IST HIER GESCHEHEN

»Mir fällt zu Hitler nichts ein.«

Karl Kraus (1933)

Artikel 20

Der 30. Mai 1968 war ein aufregender Tag: Im Bundestag wurde dem deutschen Volk das Recht auf Widerstand gewährt. Der neu in Artikel 20 GG eingefügte Absatz 4 soll die freiheitlich-demokratische Grundordnung schützen: »Gegen jeden, der es unternimmt, diese Ordnung zu beseitigen, haben alle Deutschen das Recht zum Widerstand, wenn andere Abhilfe nicht möglich ist.« Der Absatz war im Rahmen der am selben Tag beschlossenen Notstandsgesetze in die Verfassung aufgenommen worden. Konservative hielten den Zusatz für überflüssig oder tendenziell gefährlich, Linke sahen darin nur eine Augenwischerei angesichts der Vorkehrungen für den »inneren Notstand«, da die Bundeswehr im Notfall von nun an auch gegen bewaffnete Aufständische eingesetzt werden konnte. Schon zwei Wochen zuvor hatten Zehntausende auf einem Sternmarsch in die damalige Bundeshauptstadt Bonn gegen die Notstandsverfassung protestiert, in der nicht wenige die

Gefahr eines neuen Faschismus erblickten.[1] Für die APO, in dieser Angelegenheit ein echtes Bündnis aus Studenten und Gewerkschaften, zielte Artikel 20 auf ebenjene, die *wirklich* Widerstand leisteten. Ulrike Meinhof drückte es besonders prägnant aus: »Protest ist, wenn ich sage, das und das paßt mir nicht. Widerstand ist, wenn ich dafür sorge, daß das, was mir nicht paßt, nicht länger geschieht. Protest ist, wenn ich sage, ich mache nicht mehr mit. Widerstand ist, wenn ich dafür sorge, daß alle andern auch nicht mehr mitmachen.«[2] Inspiriert war sie durch ein Teach-in mit radikalen Black Panthers in Westberlin. Wenig später ging die Journalistin in den selbst erklärten Widerstand der RAF, bei dem »natürlich geschossen« (Meinhof) werden durfte.

Dass die »BRD« auf einen neuen Faschismus zusteuerte, war eine krasse Fehldeutung. Die Zeit um 1968 entpuppte sich eher als Aufbruch aus der autoritären Republik in eine Fundamentalliberalisierung, wie Jürgen Habermas das Erreichte später resümierte. Gegen die Notstandsgesetze zu opponieren, war im Blick auf das eilige Durchpauken des Pakets im Bundestag durch die Große Koalition durchaus nachvollziehbar, ebenso gute Gründe gab es für den parallelen Protest gegen den Vietnamkrieg, der nicht zuletzt von US-Militärbasen in Deutschland geführt wurde. Und ja, es gab Zustände im deutschen Alltag und institutionelle Missstände, die den Ruf nach einer »großen Weigerung« (Herbert Marcuse) plausibel machten. Doch für militanten Widerstand gegen die durchaus reformbereite Große Koalition unter Kanzler Kurt Georg Kiesinger (CDU) und Außenminister Willy Brandt (SPD) bestand kein Anlass.

Heute kommt die pathetische Resistance-Rhetorik von den Rechtsradikalen, die »1968 ausknipsen« (Marion Maréchal) und die »rot-grün versiffte Republik« (Jörg Meuthen) stürzen wollen. Sie maßen sich an, gegen die »Umvolkung«, den angeblichen Verrat am deutschen Volk durch unkontrollierten Zustrom von Migranten, den Widerstand auszurufen. Der primitive Wutausbruch »Merkel muss weg!« ist die Übersetzung des Schlachtrufs der Trump-Follower gegen Hillary Clinton: »Lock her up!« (Sperrt sie ein!) Ganz rechts findet eine seltsame Mimikry statt: Mit 68er-Methoden gegen Errungenschaften von 68. 2016 berief sich ein Konvent des identitären Instituts für Staatspolitik auf ebenjenes in Artikel 20 Absatz 4 gewährte Widerstandsrecht, um die demokratisch gewählte Regierung aus dem Amt zu jagen.[3] In diesem Geiste unterzeichneten auch Zigtausende die in den sozialen Medien verbreitete »Gemeinsame Erklärung 2018«: »Mit wachsendem Befremden beobachten wir, wie Deutschland durch die illegale Masseneinwanderung beschädigt wird. Wir solidarisieren uns mit denjenigen, die friedlich dafür demonstrieren, dass die rechtsstaatliche Ordnung an den Grenzen unseres Landes wiederhergestellt wird«.[4] Friedliche Restauration? Bei solchen Demos wird auch mal ein (natürlich immer nur symbolisch gemeinter) Galgen mitgeschleppt. Die ehrenwerten Bürger, die sich hinter den Initiatoren Vera Lengsfeld, Henryk M. Broder, Uwe Tellkamp, Thilo Sarrazin und

Matthias Matussek versammelten, ließen an ihren bereitwillig mitgelieferten Berufsbezeichnungen erkennen, dass Widerstandslust nicht von ganz unten kommt, sondern im Mittelstand wurzelt. Selbstverständlich ist es jedem unbenommen, gegen die Flüchtlingspolitik der Bundesregierung zu demonstrieren, doch es ist hanebüchen, dafür ein Widerstandsrecht in Anspruch zu nehmen, weil hier keine Regierung geltendes Recht gebrochen oder gar gegen das Naturrecht verstoßen hat.[5]

Der im Folgenden behandelte Widerstand richtet sich umgekehrt *gegen* solche völkisch-autoritären Bewegungen, Parteien und Regime, die liberale Demokratien rund um den Globus herausfordern. Während »#Resist!« eine gängige Losung der demokratischen Opposition gegen Präsident Donald Trump geworden ist, klingt der Begriff in deutschen Ohren pathosverdächtig nach dem historischen Widerstand gegen die Diktatur der Nationalsozialisten. Subjektiv befinden sich freilich Demonstranten gegen die Abholzung des Hambacher Forstes ebenso im Modus eines existenziellen Widerstands gegen den weiteren Abbau von Braunkohle wie der Schwarze Block gegen den G20-Gipfel in Hamburg im Juli 2017. Offenbar muss man den schillernden Begriff genauer ausloten, ihn historisch erden und seine heutigen Kontexte sortieren.

Wer an Leib und Leben Schaden zu nehmen droht, darf sich wehren – an dem Gemeinplatz wird niemand zweifeln, aber lässt sich das auf eine Obrigkeit, eine demokratisch gewählte Regierung, übertragen? Wenn Tyrannei droht, ja, hieß es in der Antike. 514 v. Chr. wurde in Athen der Tyrann Hipparchos durch Harmodios und Aristogeiton ermordet. Einen ungerechten Herrscher, der großes Unheil anrichtete, zu beseitigen, um weiteren Schaden für das Gemeinwesen zu vermeiden, gilt Verfechtern des Tyrannenmordes seither als natürliches Recht. Ein Attentat wiegt dann weniger schwer als die dauernde Hinnahme von Unterdrückung, Gewalt und Massenmord. Zweifel an dieser Abwägung blieben, auch die Befürchtung, politischer Mord könne bloßer Vorwand für eigenes Machtstreben oder eine private Abrechnung sein (wie das übrigens schon im Fall des Hipparchos vermutet wurde). Auch der »Kreisauer Kreis« stritt heftig über die Frage, ob man Adolf Hitler, einen offensichtlichen Willkürherrscher, Kriegsverbrecher und Völkermörder, mit Gewalt beseitigen dürfe, wozu sich die aus diesem Kreis hervorgegangenen Attentäter des 20. Juli 1944 dann ohne letzten Erfolg durchrangen.

Das Widerstandsrecht fand Eingang in richtungweisende Verfassungsdokumente seit der Magna Charta von 1215. Im etwa zeitgleichen Sachsenspiegel hieß es: »Der Mann muß auch seinem König und Richter, wenn dieser Unrecht tut, Widerstand leisten und helfen, ihm zu wehren in jeder Weise, selbst wenn jener sein Verwandter oder Lehnsherr ist, und damit verletzt er seine Treupflicht nicht.« Die Monarchomachen, eine Gruppe calvinistischer Publizisten, leiteten im 16. Jahrhundert daraus die generelle Begrenzung der Staatsgewalt ab und proklamierten ein Recht der Stände, Herrscher auf friedlichem Wege abzusetzen – im Notfall auf unfriedliche Art und Weise. Friedrich Schiller versetzte sich in die aufständischen Niederländer: »Groß und beruhigend ist der Gedanke, daß gegen die trotzigen Anmaßungen der Fürstengewalt endlich noch eine Hilfe vorhanden ist, daß ihre berechnetsten Pläne an der menschlichen Freiheit zuschanden werden, daß ein herzhafter Widerstand auch den gestreckten Arm eines Despoten beugen kann.«[6] So hat Schiller den »W-Punkt« bedacht und abgewogen, wann der kairós, der richtige Moment zum Widerstand gegen einen Tyrannen, gekommen ist.

Das Schwanken des Widerstandsgedankens zwischen Legalität und Legitimität kann man exemplarisch darlegen am philosophischen Fernduell zwischen John Locke und Immanuel Kant. Der Engländer leitet im »Second Treatise on Goverment« (1689) das Recht auf Widerstand gegen Willkürherrschaft aus dem (fiktiven) Gesellschaftsvertrag ab: Wenn Bürger aus dem Naturzustand treten, delegieren sie ihr natürliches Recht auf Selbstverteidigung an eine Regierung, die Leben, Freiheit und Eigentum des Einzelnen schützen soll. Wenn diese versagt oder sich selbst aufführt wie Räuber, Piraten und Fremdherrscher, fällt das Selbstverteidigungsrecht an die Bürger zurück, die sich wehren dürfen, wenn sonstige Mittel des Rechtsschutzes ausgeschöpft sind. Dagegen wandte Immanuel Kant ein Jahrhundert später in der *Metaphysik der Sitten* (1797) ein, das Volk könne egoistische Ziele verfolgen, die sich ständig verändern; da wäre es nicht logisch, dem Souverän eine alleroberste Instanz, das Volk selbst, überzuordnen. Nur die Geltung positiven Rechts könne den Rückfall in den Naturzustand vermeiden. Lockes Zeithintergrund war der konfessionelle Bürgerkrieg in England, Kant schrieb vor dem Hintergrund der Wende der Französischen Revolution in die Terreur und der Gegenrevolution der Vendée. Er gab dem »Gebrauch der Feder« den Vorzug, der Ausübung von Gedanken- und Meinungsfreiheit im Rahmen der geltenden Gesetze.

Das Recht auf Widerstand ist in vielen Verfassungen verankert, nur wozu nutzt es, wenn eine Diktatur bereits errichtet und keine Richter mehr vorhanden sind? Ist man dann wie Georg Elser, der einsame Attentäter des Jahres 1939, der Adolf Hitler im Münchner Bürgerbräukeller in die Luft jagen wollte, auf die individuelle Gewissensentscheidung zurückverwiesen?[7] Das Dilemma, wer letztlich über die Legitimität eines extralegalen Widerstandsaktes entscheiden soll, haben moderne Verfassungsstaaten aufzulösen versucht, indem sie das Prinzip der Gewaltenteilung als Wall gegen Machtwillkür institutionalisierten, mit dem Exekutive, Legislative und Judikative sich wechselseitig kontrollieren und die Verselbstständigung der Herrschaft durch parlamentarische Aufsicht und eine unabhängige Justiz unterbunden wird. Diesen Selbstschutz konnte man lange für einigermaßen gesichert halten, doch kommen erneut auch in gefestigten Demokratien Zweifel an seinem Funktionieren auf. Das Erste, was potenzielle Autokraten attackieren, sind unabhängige Gerichte, die freie Presse und die Opposition.

Was hat die Gewährung des Widerstandsrechts am 30. Mai 1968 gebracht? Die Kommentatoren des Grundgesetzes sind durchweg skeptisch und müssen dies angesichts der zitierten anti- und neofaschistischen Fehldeutungen von Artikel 20 Absatz 4 auch sein: »Das Recht auf Widerstand ist in der Praxis schwer zu realisieren. Dennoch behält es eine wichtige symbolische Funktion: Es vermittelt uns Bürgern die Zuversicht, daß wir uns ungerechten Herrschern oder Regenten widersetzen dürfen«.[8] An welchem Punkt (nennen wir ihn wieder den W-Punkt) können naturrechtlich begründete Werte sich über positives (Un-)Recht erheben, wo verlaufen die »roten Linien« für die Aufbegehrenden? Wie universal gültig ist ein Widerstandsrecht, wenn ganz unterschiedliche, zum Teil konträre Konzepte der Menschen- und Personenwürde aufeinanderprallen? Ein weltweit identisches Verständnis von Gerechtigkeit wird man nicht unterstellen können, aber vielleicht die Minimalprämisse, dass alle Menschen verwundbar und auf Kooperation angewiesen sind, ebenso das Gebot der »Einbeziehung des anderen« bei der Verfolgung persönlichen Glücks, das ein Zusammenleben in Differenz erst möglich macht.

Falsche Analogien, später Alarm

Wer heute zum »Widerstand gegen rechts« aufruft, gerät schnell in den Verdacht falscher Analogien zum »Dritten Reich« und in den Ruf des Alarmismus – zu hoch gegriffen und zu früh agiert. Doch gibt es auch die spiegelbildliche

Alles-wird-gut-Haltung in der trügerischen Gewissheit, Europa werde wie alle Krisen nach 1945 auch diese unbeschadet überstehen. Es geht darum, Augenmaß und Urteilskraft in der Zeitdiagnose zu gewinnen, um Panik ebenso zu vermeiden wie Indifferenz. Geschichte bietet die Chance, *ohne* Schaden klug zu werden. Aus der Geschichte könne man alles beweisen, lautet das Gegenargument. Damit werden Kenntnis der und Erinnerung an die zwischen 1933 und 1945 gegen den Nationalsozialismus gerichteten Aktivitäten nicht wertlos. Sie reichten vom passiven Nicht-Mittun-Wollen bei dem, was im »Dritten Reich« erwünscht und gefordert war, über weltanschaulich begründete Gegenpositionen bis zum informellen oder organisierten Einsatz des eigenen Lebens im Kampf gegen Institutionen und Vertreter des »Dritten Reiches«. Die Attentäter des 20. Juli, eine Gruppe hoher Offiziere um Claus Graf von Stauffenberg, dienten lange als vornehmster Beweis, dass es ein anderes, besseres Deutschland gegeben hatte,[9] dabei sind die »Verschwörer« bis heute umstritten: Waren das nicht Landesverräter, setzten sie nicht das Leben Unschuldiger aufs Spiel, hingen sie nicht selbst autoritären Weltanschauungen an?[10]

Erst spät wurden Widerstandskämpfer anderer Couleur, vor allem aus der kommunistischen Arbeiterbewegung, gewürdigt. So sah beinahe jedes Jahrzehnt Widerstand mit anderen Augen, interpretierte ihn aus der jeweiligen Gegenwart neu und zog unterschiedliche Lehren für die Zukunft. In ihrem 1964 aus Anlass des Prozesses gegen den Schreibtischtäter Adolf Eichmann verfassten Essay »Was heißt persönliche Verantwortung unter einer Diktatur?« stellte Hannah Arendt am Beispiel der Befehlsverweigerer die autonome Urteilskraft als Antrieb des Widerstands heraus: »Diejenigen, die nicht teilnahmen und von der Mehrheit als unverantwortlich bezeichnet wurden, waren die einzigen, die es wagten, selber zu urteilen. (...) Sie stellten sich die Frage, inwiefern sie mit sich selbst in Frieden leben könnten, wenn sie bestimmte Taten begangen hätten; und sie zogen es vor, nichts zu tun. (...) Nicht weil sie das Gebot ›Du sollst nicht töten‹ streng befolgt hätten, lehnten sie es ab zu morden, sondern eher deshalb, weil sie nicht willens waren, mit einem Mörder zusammenzuleben – mit sich selbst.«[11] Man *musste* nicht mitmachen, sich an Verbrechen beteiligen oder diese decken, man *konnte* etwas tun oder unterlassen, wenn man sich auf sein eigenes Urteil verließ.

Widerstand hat viele Facetten. Eine verallgemeinerbare Definition bezeichnet ihn als »... eine Provokation, welche die Toleranzschwelle des ... Regimes unter den jeweils gegebenen Umständen bewusst überschreitet, mit einer Handlungsperspektive, die auf eine Schädigung oder Liquidation des Herrschaftssystems abzielt«.[12] Noch allgemeiner wird »Resistenz« definiert als ein schlichtes Nicht-Einverstanden-Sein, aber Widerstand ist mehr als ein Flüsterwitz im privaten Kreis: Es ist eine (meist sehr einsame) Haltung der Verweigerung, die zur Handlung drängt und damit ein hohes persönliches Risiko eingeht.

Wie kommt man zu diesem »point of no return«? Die

Lebenswege der Widerständler zeigen unterschiedlichste Motivlagen, Aktionsformen und Zielgruppen[13]: Es gab den politisch motivierten Widerstand, speziell der linken Arbeiterbewegung, den religiös begründeten Widerstand der christlichen Kirchen, vor allem gegen die Euthanasie, auch der Zeugen Jehovas, und den verzweifelten jüdischen Widerstand. Es gab praktische Hilfe für Verfolgte, vor allem Juden und besonders unter Beschuss geratene Berufsgruppen, die Empörung junger Menschen wie der Swing-Begeisterten, der Weißen Rose oder der Edelweiß-Piraten, nicht zuletzt Saboteure und Deserteure, denen die Anerkennung nach 1945 hartnäckig verweigert blieb. Im Widerstand waren auch NSDAP-Mitglieder, Einzelgänger vom Typ des bereits erwähnten Georg Elser, Gelehrte wie aus dem ordoliberalen Freiburger Ökonomenkreis und klandestine Freundeskreise wie die sogenannte Rote Kapelle. Gegen die Übermacht und Terrorgewalt des Nationalsozialismus traten nicht zuletzt »einfache Menschen« an, denen das Regime den Sinn für Menschlichkeit oder – mit Arendt – die Urteilskraft nicht austreiben konnte. Im Widerstand waren Menschen aktiv, die ihr Leben lang Politik gemacht hatten, genauso wie solche, die sich dafür nie im Leben interessiert hätten, wäre Hitler ihnen nicht als existenzielle Gefahr für sich, ihre Familien und die ganze Menschheit erschienen. Wie Otto und Elise Hampel, die Hans Fallada 1947 in dem Roman »Jeder stirbt für sich allein« nach dem authentischen Fall eines Ehepaares geschildert hat, das in Berlin bis 1942 handgefertigte Postkarten-Flugblätter gegen

Hitler ausgelegt hatte und nach einer Denunziation festgenommen und hingerichtet wurde.

Vom »W-Punkt« war schon die Rede. Wie erkennt man den richtigen Moment, wann sagt man »jetzt«? Der aus dem katholischen Zentrum kommende Eugen Bolz schrieb noch 1932 in einem Brief an seine Frau nach einem Treffen mit dem NSDAP-Chef: »Mein Eindruck über Hitler war ein besserer, als ich vermutete. Seine Äußerungen waren konsequent und klar, und seine Auffassungen decken sich im Allgemeinen weitgehend mit den unseren.«[14] Man sieht hier exemplarisch, wie schwankende oder abwiegelnde Positionen zu einer aufziehenden Diktatur existierten und oft noch länger Bestand hatten, bevor einer wie Bolz dann doch noch zum Widerstand des 20. Juli stieß. Am 23. Januar 1945 starb auch er in Berlin-Plötzensee unterm Fallbeil.

Nehmen wir also eine andere zeitliche Perspektive ein: nicht das bald aussichtslos scheinende Aufraffen gegen den schon an der Macht befindlichen Reichskanzler, sondern die Beurteilung des Hasardeurs der 1920er-Jahre, dessen aufhaltsamen Aufstieg man in jeder Etappe hätte verhindern können. Wer zur heutigen Renaissance einer völkisch-autoritären Rechten ein »neues 33« an die Wand wirft, erliegt sicher einem Kurzschluss, von einer »Machtergreifung« ist die AfD meilenweit entfernt. Betrachten muss man ihren aktuellen Erfolg aber ohne Weiteres im Licht des Aufstiegs der Kleinstpartei NSDAP von 1925 zur führenden Reichstagsopposition 1930. Wenn eine derart skurrile Splitterpartei, die bei den Reichstagswahlen im Mai 1928 ganze 2,63 % der abgegebenen Stimmen auf sich vereinigen konnte, bis Juli 1932 auf 37,23 % anwuchs, muss man fragen, wie Hitler und die NSDAP *vor* 1933 gesehen und bewertet wurden – wer sie aus welchen Gründen verkannte und wer mit größerem Spürsinn hinschaute. Dass man die Bewegung zu diesem Zeitpunkt falsch einschätzte, führte zu katastrophalen Irrtümern der bürgerlichen wie kommunistischen Parteien, die stets andere Kalküle verfolgten und Hitler damit ungewollt stärkten. Die KPD erklärte die »Sozialfaschisten« der SPD zum Hauptfeind und machte mit den Nazis bisweilen gemeinsame Sache, Bürgerliche (wie Bolz) sahen stets die größere Gefahr von links kommen und zogen Hindenburgs konservative DNVP als Bündnispartner vor, die dann 1932/33 der NSDAP den Steigbügel hielt.

Der Untergang der Weimarer Republik wird landläufig als fatales Resultat der Weltwirtschaftskrise gedeutet. Auch wenn soziale Notlagen zur Radikalisierung beitrugen, hat vornehmlich die Schwäche der bürgerlichen Mitte und ihre Verachtung der Sozialdemokratie den fassbaren Aufstieg der NSDAP beschleunigt. Und ihr zwischen 1928 und 1933 Nichtwähler zugetrieben, die – das mag einem wieder bekannt vorkommen – als Protestwähler gegen das ihnen verhasste politische System der Ersten Republik, aus Verachtung für die Eliten, aus Judenhass, Homophobie und patriarchalen Komplexen rechts votierten. Auch die NSDAP war zu Teilen eine Spielart des früher entstandenen und – man muss es wohl so sehen – bis heute grassierenden Populismus, der stets die völkisch-autoritären Wahnideen mitschleppt, die der gesamte europäische Faschismus propagiert und grausam exekutiert hat.

Wir haben Menschen wie Eugen Bolz wahrlich nicht für ihre partielle Blindheit zu kritisieren. Denn was tun wir gerade, um der sich klar abzeichnenden Gefahr eines autoritären Rückfalls in Europa entgegenzuwirken? Die meisten wiegeln ab, haben andere Sorgen oder sie stimmen teilweise zu. Besonders verbreitet ist, auf »objektiven« Fehlern und Verhältnissen herumzureiten, die den Aufstieg der Rechten angeblich verursacht haben, statt diesen als politische Subjekte entschieden zu begegnen. Sind wir klarsichtiger, mutiger, wirkungsvoller als der antifaschistische Widerstand vor 1933? Nochmals: in den Jahren 1925, als die NSDAP ein wenig Kreide gefressen hatte und den parlamentarischen Weg einzuschlagen begann, oder 1928, als es schon Mühe kostete, funktionsfähige Regierungen gegen die antidemokratische Rechte (und Linke) zu bilden, oder 1930, als Juden und andere »Volksfeinde« offen angegriffen wurden, sich rechter Terror ausbreitete, der von einer rechtslastigen Justiz nachsichtig behandelt wurde? Aus der Geschichte lernt nicht, wer ein neues 33 ausmalt, sondern wer eine Autokratie *im Entstehen* erkennt und ihr Widerstand entgegenzusetzen weiß, *bevor* sie sich etabliert hat.[15]

Der Widerstand gegen Hitler war gesamteuropäisch. Auch in den von der Wehrmacht und SS besetzten Teilen Europas gab es Resistance im ganzen Spektrum vom passiven Widerstand bis zum bewaffneten Kampf der Partisanen. Zu dem Motiv, eine Diktatur zu bekämpfen, kam hier auch bei Kommunisten und Königstreuen der patriotische Wunsch nach der Befreiung von einer Fremdherrschaft.[16] Auf dieser Grundlage arbeiteten Persönlichkeiten aus allen politischen Lagern nach dem Krieg gemeinsam am Wiederaufbau und an den »Vereinigten Staaten von Europa«. Diese Formel wählte nicht nur Winston Churchill in seiner Zürcher Rede 1946, sondern auch die heute kaum noch bekannte Widerstandsgruppe »Europäische Union«, die 1939 unter Führung von Robert Havemann und Georg Groscurth aus der Widerstandsgruppe »Neu Beginnen« hervorgegangen war. Als eine EU *avant la lettre* trat sie für ein vereintes, freies und sozialistisches Europa ein, als dessen Vorkämpfer sie die ausländischen Zwangsarbeiter sah. 1943 flog die Gruppe auf, viele Mitglieder wurden hingerichtet. Ihre brennend aktuelle Botschaft ist, dass die europäische, den Nationalismus überwindende Idee aus dem Widerstand kam.

Robert Havemann, der Spiritus Rector der Europäischen Union, ist das Verbindungsglied zu der anderen zentralen Widerstandserfahrung der jüngeren deutschen Geschichte. In der frühen DDR hoch dekorierter Antifaschist und Wissenschaftler, fiel er als »Dissident« in Ungnade und stand jahrelang unter Hausarrest. Der Widerstand gegen Hitler erfährt bis heute eine stärkere Resonanz als der antikommunistische gegen das SED-Regime, das sich eine antifaschistische Identität zuschrieb und mit der historischen Aura des besseren Deutschlands schmückte, während umgekehrt in osteuropäischen Gesellschaften die Erinnerung an den Widerstand gegen das Gulag-Regime das Leiden am

Holocaust in den Schatten stellt, auch weil die NS-Kollaboration in den verschiedenen besetzten Ländern verschwiegen werden soll.[17]

Im SED-Regime waren aber erneut fast alle Merkmale totalitärer Herrschaft vorhanden: die Diktatur der Einheitspartei und das Verbot legaler Opposition, systematische politische Repression, weltanschauliche Gleichschaltung und Terror gegen Andersdenkende. Hinzu kam die umfassende, bis in die Poren des Alltags dringende Überwachung und Kontrolle durch den Geheimdienst.[18] Erneut gab es auch die ganze Bandbreite von Widerstand: von Alltagsresistenz über informelle Opposition, passiven Ungehorsam und Samisdat bis zu Sabotageakten und dem Aufstand am 17. Juni 1953, der in der kollektiven Erinnerung das Pendant zum 20. Juli 1944 bildet, aber eine echte Volkserhebung war. Für den heutigen Widerstand gegen (semi-)autoritäre Regime ist das Beispiel der DDR-Opposition in mancher Hinsicht lehrreicher als der Widerstand gegen die Nazis. Trotz der totalitären Züge der frühen DDR und eines ungewöhnlich dichten Bespitzelungswesens gingen Oppositionelle in Ostdeutschland ein geringeres Risiko als im Kampf gegen den Komplex aus NSDAP, Gestapo und SS ein. Vor allem bestand bis zum Bau der Mauer 1961 die Exit-Option, die massenhafte Abstimmung mit den Füßen, in den Westen zu gehen, die in den 1980er-Jahren trotz der Mauer zwischen Ost und West erneut anhob.[19] In der Zwischenzeit hatten Oppositionelle immer wieder den Eindruck, die Partei bewege sich und sei reformierbar. Die Kirchen standen offen für Menschen, die auf Distanz gingen und Schutzräume brauchten. Mit der KSZE-Schlussakte 1975 lag ein äußerer Garant für Menschen- und Bürgerrechte vor, den das Regime nicht einfach ignorieren konnte. Die verbliebene Durchlässigkeit zur Bundesrepublik sorgte ebenfalls für eine gewisse Flexibilität. Solche Möglichkeiten bestehen heute z.B. analog in Polen und Ungarn, wo im Gegensatz zur DDR Oppositionsparteien, Nichtregierungsorganisationen und freie Medien weiterhin funktionieren.

Zusammengefasst reichte der historische Widerstand in Deutschland zwischen 1933 und 1989 »von der Verweigerung bis zum individuellen Protest, vom bewussten, demonstrativen Aufbegehren bis zu sozialdemokratischem, christlich-demokratischem und liberalem Widerstand, der sich in Gruppen organisierte, von kommunistischer Dissidenz bis zu innerparteilicher Opposition, von politischen Streiks bis zur spontanen Massenaktion und zu Unruhen, von der Bildung offen agierender Gruppen und Bürgerinitiativen bis zum Widerstand, der sich konspirativ gesammelt und aktiv gehandelt hat«[20]. Getragen haben ihn »... ehrwürdige Bischöfe, bodenständige Bauern, sozialistische Visionäre und Jugendliche aus subkulturellen Milieus«, die sich oft nicht grün waren, aber in der Gegnerschaft zum Regime geeint.[21] Der Hauptunterschied des DDR-Widerstands zum Widerstand gegen den Nationalsozialismus war die schon erwähnte Exit-Option, sei es durch reguläre Übersiedlung oder per Häftlingsfreikauf und Republikflucht.

Die Wahrnehmung dieser Option ist in den Kategorien

von Hirschmann der Verzicht auf Voice, die Option des Aufbegehrens. Zugleich war der Einfluss der »BRD«, auch im Blick auf das bis 1961 von der DDR betriebene Ziel der Wiedervereinigung (unter sozialistischen Vorzeichen), auch wieder eine Ressource des Widerstands. Überdies dienten die Protestbewegungen in der ČSSR und in Polen genau wie die Glasnost-Periode in der späten Sowjetunion als Vorbild für die DDR-Opposition, wobei die Anwesenheit von fast 400000 Sowjetsoldaten (1963) eine Drohkulisse für jede Form des Widerstands bildete. Die Bandbreite von Protest, Opposition und Widerstand hat Hubertus Knabe, früherer Leiter der Gedenkstätte Hohenschönhausen, in einer zehnstufigen Skala dargelegt: Resistenz, partielle Kritik, sozialer Protest, passiver Widerstand, neue soziale Bewegungen, politischer Protest, Dissidenz, politische Opposition, aktiver Widerstand, Aufstand. Mit dieser Skala sind auch mögliche Varianten heutigen Widerstands gegen autoritäre Herrschaft erfasst.

Eine wichtige Voraussetzung für Widerstand ist, sich seiner historischen Vorläufer zu erinnern; genau diese kollektive Erinnerung wollen Diktaturen und Autokratien unterdrücken. Zugleich muss man den Begriff schärfen und von Formen der (legalen) Opposition und des Protests absetzen. *Opposition* setzt als Gegenüber eine legale und legitime Regierung voraus und hat das Ziel, diese zu kritisieren, zu kontrollieren und ihr eine wählbare Alternative entgegenzusetzen. Hier gibt es Wettbewerb, partielle Kooperation und sogar indirekte Mitregierung, aber auch

»fundamentale« Kritik am politischen System, das bei Gelegenheit durch ein anderes zu ersetzen ist. *Proteste* sind ausdrückliche Bekundungen des Nichteinverstandenseins, die »an andere adressiert sind und deren Verantwortung anmahnen«[22]: Tut oder unterlasst etwas! Wirksamer Protest muss sich auf große Teilnehmerzahlen berufen können, wenigstens auf eine spürbare Medienresonanz. *Widerstand* hat, wie an seinen deutschen Beispielen aufgezeigt, passive Varianten – die (stille) Aufkündigung von Gehorsam, Gesetzestreue und Folgebereitschaft – und aktive Formen physischer, eventuell gewaltsamer Auflehnung gegen eine als illegitim erkannte Herrschaft. Als Wider*spruch* hat er eine diskursive und argumentative Komponente, doch sind die Übergänge zum physisch-militanten Wider*stand* bei Massendemos fließend.[23] In der politisch-sozialen Wirklichkeit sind auch die Grenzen zwischen den Idealtypen Opposition, Protest und Widerstand fließend – des einen Widerstand ist des anderen Terror. Um nur ein jüngstes Beispiel zu nennen: Die Bewertung der transnationalen BDS-Kampagne, die zum Boykott israelischer Produkte, zum Abzug von Investitionen (Divestment) und zu Sanktionen wegen der Besetzung und Besiedlung arabischer Territorien in Palästina ausgerufen hat, schwankt zwischen der Anerkennung als berechtigte Israelkritik und der Ächtung als verkappter Antisemitismus.[24]

Variationen zivilen Ungehorsams

Wir sind in der Gegenwart angelangt und müssen gleich noch einmal zurückblicken. 1955 gingen eindrückliche Bilder von amerikanischen Bürgerrechtlern wie von der 42-jährigen Schneiderin Rosa Parks um die Welt. Sie hatte sich in Montgomery (Alabama) geweigert, ihren Sitzplatz im Bus einem Weißen frei zu machen, den der nach den damals geltenden Apartheidgesetzen beanspruchte. Der von dem noch wenig bekannten Baptistenprediger Martin Luther King organisierte Busboykott der Afroamerikaner zwang die Behörden der Südstaaten, die Trennung zwischen »white« und »colored people« in Bussen und Zügen aufzuheben. Parks Verhalten war ungesetzlich, aber im Sinne der in der Verfassung postulierten Gleichheit aller Menschen legitim; der Boykott war ein wirksames Mittel, Diskriminierung großflächig zu beenden. 1956 hob der Oberste Gerichtshof die Rassentrennung in Schulen und öffentlichen Verkehrsmitteln auf und erhob so die einstige Ordnungswidrigkeit gewissermaßen zum Gesetz. Die 2005 verstorbene Rosa Parks wird als Ikone des Civil Rights Movement verehrt und ist ein Vorbild für heutige Aktionen »zivilen Ungehorsams«.

So nennt man einen symbolisch-faktischen Verstoß gegen die geltende Ordnung, mit der Einzelne oder Gruppen unter Inkaufnahme möglicher Bestrafung Einfluss auf die öffentliche Meinung, die Rechtsprechung und die Gesetzgebung nehmen, um einen unhaltbaren Zustand zu beenden.

Sie berufen sich dabei auf ein höheres Recht: von Gott, der Natur oder der Vernunft gegeben. Die Bibel berichtet, wie jüdische Hebammen den Befehl des Pharao verweigerten, alle Neugeborenen zu töten. Sophokles hat vorgeführt, wie sich Antigone über Kreons willkürliches und inhumanes Verbot hinwegsetzte, den gefallenen Bruder zu beerdigen: »So groß / Schien dein Befehl mir nicht, der sterbliche / Dass er die ungeschriebenen Gottgebote / Die wandellosen, konnte übertreffen.« Ein bekanntes, ikonisch gewordenes Beispiel aus dem 20. Jahrhundert ist der »Salzmarsch«, mit dem sich Mahatma Gandhi im Frühjahr 1930 gegen das von den Briten verhängte Salzmonopol in Indien auflehnte und damit das Ende der Kolonialmacht einleitete.

Ausgearbeitet hat das moderne Konzept bürgerlichen Ungehorsams der Lehrer und Schriftsteller Henry David Thoreau 1849 in dem schlanken Essay *On the Duty of Civil Disobedience*, in dem er den einen Tag verarbeitete, den er im Gefängnis verbringen musste. Der war ihm aufgebrummt worden, weil er keine Steuern an einen Staat zahlen wollte, der Sklaverei legitimierte und einen Angriffskrieg in Mexiko führte: »Wenn auch das Gesetz so beschaffen ist, dass es notwendigerweise aus dir den Arm des Unrechts an einem anderen macht, dann, sage ich, brich das Gesetz. Mach dein Leben zu einem Gegengewicht, um die Maschine aufzuhalten. Jedenfalls muss ich zusehen, dass ich mich nicht zu dem Unrecht hergebe, das ich verdamme.« Das schließt dann auch die Möglichkeit der Auflehnung gegen eine unqualifizierte Mehrheit ein, die ungerechte Gesetze beschlossen hat, unterstellt also auch das demokratische Mehrheitsprinzip einer ethischen Maxime.[25]

Diese uramerikanische Begründung des individuellen Gerechtigkeitsempfindens arbeitete der Philosoph John Rawls aus. Wie schon Rosa Parks definierte er Civil disobedience als kalkulierte Regelverletzung mit symbolischem Charakter innerhalb einer verfassten Ordnung, deren legale Verfahrensweisen im Normalfall akzeptiert werden. Bedingung ist, dass das Misstrauen gegen die staatliche Ordnung partiell ist, jede illegale Handlung moralisch begründet sein und dem öffentlichen Wohl dienen muss. Der bewusste Gesetzesverstoß appelliert damit an den Gerechtigkeitssinn der Mehrheit und unterstellt dieser Einsichtsfähigkeit. Bürgerlicher Ungehorsam ist somit eine Ultima Ratio, er kann nicht zur Routine und ständig wiederholt werden.[26]

Solche Überlegungen waren auch in den 1960er-Jahren, als militante Befreiungs- und Guerillabewegungen Studenten und Intellektuelle in den Bann schlugen, weit verbreitet. Der evangelische Pazifist Theodor Ebert sah gewaltfreie Aktionen als »Alternative zum Bürgerkrieg« (sowie als Mittel einer »sozialen Verteidigung« bei Angriffen von außen) in einem dreistufigen Prozess: von der Verneinung im Protest und der Verweigerung der Zusammenarbeit zur Bejahung und Mitarbeit an Alternativen, von subversiven Aktionen wie Sit-in, Demonstration, Streik, Hungerstreik, Sitzblockade oder Steuerverweigerung zu »konstruktiven Aktionen«. Seine Beispiele waren das Teach-in, die Erstellung eines Bürgergutachtens, die Unterhaltung einer Bildungsstätte, die Gründung einer Alternativzeitung und selbst verwalteter Organisationen. Zur Ausführung solcher Vorhaben durfte man Gesetze nötigenfalls missachten.[27]

Das war der Fall bei den Sitzblockaden im »KVB-Protest« (gegen Fahrpreiserhöhungen bei den öffentlichen Verkehrsmitteln) von Schülern 1966 in Köln, in den 1980er-Jahren bei Aktionen von Friedensbewegten an Standorten von Pershing-Raketen, 1987 von Datenschützern, die zum Volkszählungsboykott aufriefen. Im Bürgerlichen Gesetzbuch gelten Hausbesetzungen, Störungen einer Gerichtsverhandlung und dergleichen als Haus- und Landfriedensbruch, Nötigung, gefährlicher Eingriff in den Schienen- und Straßenverkehr, Sachbeschädigung, Widerstand gegen die Staatsgewalt und werden dementsprechend bestraft; doch manche Richter griffen damals auf die in der Rechtswissenschaft berühmte Radbruch'sche Formel zurück, die den möglichen Konflikt zwischen Legalität und Legitimität anerkennt – bis zu dem Punkt, dass »der Widerspruch des positiven Gesetzes zur Gerechtigkeit ein so unerträgliches Maß erreicht, dass das Gesetz als ›unrichtiges Recht‹ der Gerechtigkeit zu weichen hat«.[28]

Wir werden im Folgenden immer wieder sehen, dass sich Protest und Opposition in diesen Formen nicht erschöpften und Widerstand auch zu anderen Mitteln greift. Der amerikanische Philosoph Jason Brennan bezweifelt die »spezielle Immunität«, die Präsidenten, Polizisten, Beamte, Soldaten und andere Repräsentanten des staatlichen Gewaltmonopols in Anspruch nehmen und die impliziert, man dürfe ihnen auch dann nicht in den Arm fallen, wenn sie ohne jeden Grund lebensgefährlich für andere werden und völlig willkürlich agieren.[29] Brennan ermächtigt die Bürger hingegen, z.B. einen Polizisten daran zu hindern und womöglich zu töten, der sich anschickt, einen unschuldigen, unbewaffneten Schwarzen zu malträtieren und eventuell umzubringen, was bekanntlich nicht nur in den USA des Öfteren vorkommt. Hier gilt in seiner Argumentation eine »moralische Parität«: Wenn Regierungspersonal massiv Unrecht begeht, darf man es ebenso betrügen, sabotieren, verletzen oder auch physisch angreifen wie jede Zivilperson, bei der man dafür gute Gründe vorweisen kann. Dabei ist selbstverständlich der moralische Rechtfertigungsdruck genauso hoch, d.h., defensive Gewalt darf kein Vorwand sein für persönliche Rache, einen Regimewechsel, die Herbeiführung sozialen Wandels oder das Anzetteln einer Revolution. Brennan ist kein Anarchist oder Libertärer, der Obrigkeiten per se hasst. Und er unterstreicht stets, dass defensive Gewalt eine Ultima Ratio ist. Sie ist nicht die erste oder auch nächstbeste Lösung, da demokratisch verfasste Gesellschaften in der Regel nicht gewaltsame Mittel der Konfliktschlichtung bereithalten und ein Gewaltverzicht allemal vorzuziehen ist.

Das führt zu der Frage, ob man Widerstand nicht nur leisten *darf*, sondern in bestimmten Situationen auch üben *muss*. Kann man neutral bleiben angesichts schreienden Unrechts, ganz gleich ob es besondere Polizeibrutalität, ein Völkermord oder die Androhung eines nuklearen Erstschlags ist? Sicher nicht, und man darf sich dagegen auch nicht völlig passiv verhalten. Aber wie die philosophische Tradition vor ihm findet Brennan kein Argument, wonach man *verpflichtet* wäre, sein Leben zu riskieren. Nur sollte jeder »seinen Anteil« leisten, Ungerechtigkeit zu bekämpfen. Zu Albert Hirschmans oben erläuterten Verhaltensoptionen Exit (Abwanderung), Voice (Widerspruch) und Loyalty (Loyalität) fügt auch Brennan eine vierte hinzu, »when all else fails«: Widerstand. Erst »die Praxis« kann zeigen, wo sie passt.

Gene Sharp, der als junger Mann Proteste gegen den Kriegsdienst in Korea organisiert hatte und dafür neun Monate eingesperrt worden war, wurde weltbekannt als Verfechter gewaltfreier Aktion, seine Broschüren haben zahlreichen Protestbewegungen als Blaupausen gedient.[30] Das blieb keine akademische Fingerübung. Sharps »Regieanweisungen« standen dem serbischen Widerstand (Otpor) gegen die Diktatur Milosevics und den »Blumenrevolutionen« in Georgien, in der Ukraine, in Kirgisistan und in Weißrussland (Belarus) zur Verfügung, auch Akteure im »Arabischen Frühling« beriefen sich auf den Amerikaner, dessen Unterstützung durch US-Stiftungen und den CIA für die meisten Akteure kein Hinderungsgrund waren. Praktische Ratschläge gab er in den 1980er-Jahren schon in Burma, dem heutigen Myanmar, wo seit 1962 das Militär regierte, bis die Demokratisierungsbestrebungen 2011 partiellen Erfolg hatten. Myanmar ist nur ein Land von vielen, in dem zum Ende des 20. Jahrhunderts autoritäre Herrschaft Land für Land zerbrach. Die nach dem Zweiten Weltkrieg mit Westdeutschland, Japan und Italien begonnene und in den globalen Süden und das Sowjetimperium erweiterte Demokratisierung hatte die Zahl der freien und halb freien Länder kontinuierlich vermehrt. Mit dem Ende des Eisernen Vorhangs schien die freiheitliche Demokratie den Siegeszug rund um den Globus angetreten zu haben. Der Backlash ist jetzt da, und so sind Sharps »198 Methoden gewaltlosen Vorgehens« keineswegs obsolet. Sie bleiben eine Checkliste für heutige Akte von Ungehorsam und Widerstand, deren Repertoire über Blockaden hinausreicht und den Umstand einkalkulieren muss, dass in einer »Mediengesellschaft« symbolische und performative Dimensionen eine große Rolle spielen und das Internet die Möglichkeit von Cyberattacken genau wie zur rasanten Massenmobilisierung über Flashmobs und dergleichen bietet.

Mutmaßungen über X

Trump ist nicht Hitler, alle Vergleiche dieser Art hinken. Mutmaßungen stellen wir nicht mehr über Herrn H. an, sondern über einen X oder Y, der sich auf seine Weise zum Tyrannen aufschwingen will. Michael Moores Dokumentarfilm »Fahrenheit 11/9« von 2018 wird wegen einer Szene, in der sich Hitlers Mund bewegt, aber Trumps Worte zu hören sind, dafür kritisiert, den Präsidenten dämonisiert und den »Führer« verharmlost zu haben. Dabei setzt er beide nicht gleich und nimmt den Historiker Timothy Snyder zum Kronzeugen mit der Aussage, dass sich Geschichte nicht wiederholt, aber ohne Weiteres eine Orientierung für die Schärfung unserer Geistesgegenwart bieten kann. Unter Hitlers Schnauzbart spricht Trump genau das aus, was er denkt, wenn er Journalisten der von ihm sogenannten »Fake-Medien« als Volksfeinde denunziert, wenn er spielerisch eine dritte und lebenslange Amtszeit für sich und seine Dynastie annonciert, Minderheiten verunglimpft und sich damit exakt als der Tyrann entpuppt, der er werden will (und kann).[31] Trump ist nicht Hitler, aber in seinen ersten Amtsjahren gab es Phänomene, welche ähnlich die Anfangsjahre des Dritten Reiches kennzeichneten: den Opportunismus des Bürgertums, hier der Republikanischen Partei, deren Mehrheitsführer Mitch McConnell offenbar den Part Paul von Hindenburgs übernommen hat, die Hinnahme schwerer Rechtsbrüche und die Denunzierung politischer Gegner, der Verfall des Rechtsempfindens und der politischen Moral, die geschmeidige Anpassung von Amtsinhabern, die ihre Haut retten wollen. Man möchte also *nicht* den Moment in Trumps zweiter Amtszeit erleben, den Hitler mit seiner Plauderei vor Journalisten am 10. November 1938 markierte, als er seine früheren Friedensappelle als Verstellung zugab und die Deutschen auf seine wahren Ziele einstimmte: »Irgendwie, glaube ich, hat sich diese Platte, die pazifistische Platte, bei uns abgespielt.«[32]

Erkennbar ist jedenfalls, dass Trump und die Republikaner und mit ihnen viele autoritäre Strömungen nicht länger nach den Regeln der liberalen Demokratie zu spielen bereit sind. Darauf sollte man eingestellt sein. Von Karl Kraus ist anlässlich der Machtergreifung 1933 das Bonmot überliefert: »Mir fällt zu Hitler nichts ein.« Er wich damit nicht aus, gemeint war vielmehr, dass man diesem kaum mit geschliffenen Sentenzen und spöttischen Pointen, sondern mit Handfesterem begegnen muss: Generalstreiks, Meuterei, ausländischer Druck.[33] Ohne nachträgliche Besserwisserei hat der Historiker Philipp Fabry den Zeitgenossen der 1930er-Jahre fast durchweg kapitale Fehlurteile nachgewiesen[34], darunter auch Juden, denen Hitler in Wort und Schrift offen das schlimmste Schicksal angekündigt hatte. Es habe an Warnungen nicht gefehlt, resümiert er seine kursorische Quellenauswertung: »Die meisten Mutmaßungen über eine Regierung Hitler verloren sich in Phantastereien, in unsinnigen, jeder Grundlage entbehrenden Spekulationen.« Das heute zu lesen, ist schmerzhaft, weil wir Nachgeborene das Ende kennen und aufstrebende Nazis in der Perspektive des Holocaust und der Katastrophe des Zweiten Weltkriegs zu beurteilen gelernt haben. Aber es ist sinnvoll, die tieferen Gründe für die Massierung von Fehlurteilen herauszufinden, die man um 1930 bei Freund und Feind und auch bei Professionen antrifft, deren Aufgabe Gegenwartskritik und Zeitdiagnose sind. Für Fabry bestehen sie in den jeweils selektiven Betrachtungen durch eine ideologische Brille. Über Hitler ergingen Urteile, die ähnlich über völlig entgegengesetzte Persönlichkeiten gefällt wurden, womit seine »Alleinstellungsmerkmale« unter den Tisch fielen. Viele, die mit ihm persönlich in Berührung kamen, erlagen seinem angeblichen Charme und seiner vermeintlichen Güte oder würdigten sein Rednertalent. Die schlimmste Verzerrung resultierte aber aus dem Umstand, dass man Hitlers NSDAP einen Rest von Rationalität und einen politischen Opportunismus zubilligte, auf deren Boden man vernünftig Standpunkte austauschen und sich mit Kompromissen verständigen könnte. Das »Andere« an Hitler verstand am besten der (selbst spät zur liberalen Demokratie bekehrte) Vernunftrepublikaner Thomas Mann. In seiner am 17. Oktober 1930 im Berliner Beethovensaal gehaltenen »Deutschen Ansprache« prangerte er einen Politikstil an, der durchaus aktuell klingt: »... eine Politik im Groteskstil mit Heilsarmee-Allüren, Massenkrampf, Budengeläut, Halleluja und derwischmäßigem Wiederholen monotoner Schlagworte, bis alles Schaum vor dem Munde hat. Fanatismus wird Heilsprinzip, Begeisterung epileptische Ekstase, Politik wird zum Massenopiat des Dritten Reiches oder einer proletarischen Eschatologie, und die Vernunft verhüllt ihr Antlitz.« Wie soll man sich daran bei einer Trump-Rallye, bei einem Umzug polnischer Ultrarechter, bei einer Pegida-Kundgebung, bei einer Salvini-Suada *nicht* erinnert fühlen? Der junge Soziologiedozent Sigmund Neumann sekundierte dem Schriftsteller und kam auf den sozialpsychologischen Kern des Irrationalismus: »An die Stelle des erschütterten Glaubens, an Vernunft und geschichtlichen Fortschritt, an allgemeingültige Naturgesetzlichkeit, auch der Menschheitsentwicklung, tritt – wenn nicht Nihilismus – die Berufung auf den irrationalen Strom des Lebens. ›Blut gegen

Geist‹ (Spengler) ist die Parole. Aktivität statt politischer Theorie, Handeln statt Verhandeln, Autorität und Disziplin statt Erkenntnis und Überzeugung, Gefahr und Abenteuer statt Sekurität und Rechenschaftigkeit, heroische versus merkantile Gesinnung.«[35]

Der 8. November 2016 war auch nicht der 30. Januar 1933. Aber Moores Film collagiert groteske Fehleinschätzungen Trumps durch seine republikanischen Mitbewerber, durch die Medien (inklusive Trumps heutigem Sprachrohr Fox News), durch die Demokraten sowie durch angesehene Zeithistoriker und Intellektuelle zu einem Bild kollektiven Selbstbetrugs. Immer noch halten viele die Eskalation für ausgeschlossen, die Trump in seinem Dauerwahlkampf ganz offen annoncierte. Ähnlich nehmen viele Deutsche an, die AfD werde irgendwann ganz von allein verschwinden. Die Geschichte (das wenigstens kann man aus ihr lernen) liefert weder fertige Drehbücher für Widerstandsakte noch Patentrezepte für zivilen Ungehorsam, aber sie öffnet die Augen für erwartbare Folgen von Tun und Lassen und stärkt die Urteilskraft zur Bewertung eines Status quo und für plausible Szenarien. Wer zum Handeln auffordert, muss zunächst urteilen. Hannah Arendt schreibt: »Dies Urteilen, das maßstabslos ist, kann sich auf nichts berufen als die Evidenz des Geurteilten selbst, und es hat keine anderen Voraussetzungen als die menschliche Fähigkeit der Urteilskraft, die mit der Fähigkeit zu unterscheiden sehr viel mehr zu tun hat als mit der Fähigkeit, zu ordnen und zu subsumieren. Dies maßstabslose Urteilen ist uns wohl bekannt aus dem ästhetischen oder dem Geschmacksurteil, über das man, wie Kant einmal sagte, gerade nicht ›disputieren‹, wohl aber streiten und übereinkommen kann; und wir kennen es im alltäglichen Leben, wann immer wir in einer noch nicht bekannten Lage meinen, der oder jener hätte die Situation richtig oder falsch beurteilt.«[36] Arendts Zeitdiagnosen, darunter der Beitrag zum zivilen Ungehorsam, wurden unter dem treffenden Titel »Zur Zeit« veröffentlicht. In welcher Lage wir uns *zur Zeit* befinden, ob wir uns wie »Schlafwandler« erneut am Abgrund der Barbarei oder doch auf dem Weg zur neuen Freiheit befinden, kann niemand sagen. Als Bürgerinnen und Bürger sind wir darauf angewiesen, Wichtiges von Unwichtigem zu unterscheiden, Zäsuren zu erkennen und angemessen zu handeln.

Vor diesem Hintergrund sollen nun die Chancen von demokratischem Protest, Opposition und Widerstand in fünf Ländern betrachtet werden, die sich ausdrücklich »gegen rechts« richten, genauer: gegen sich formierende und bereits etablierte Autokratien. Verglichen werden hier offene politische Systeme, die neuerdings durch autokratische Schließungen betroffen und bedroht sind. Nach dem jeweils schon erreichten Grad der Schließung beginne ich mit Russland und der Türkei, zwei Fällen fast vollendeter Autokratien nach einer unvollkommenen oder gescheiterten Demokratisierung in den 1990er-Jahren. Dann beziehe ich die »neuen Demokratien« in Ungarn und Polen ein, die nach 1990 eine erfolgreiche demokratische Transformation durchlaufen haben und in den letzten Jahren nach den

Messkriterien demokratischen Erfolgs zurückfallen. Anschließend gehe ich mit dem Fall der »Trumpokratie« zu einer klassischen Demokratie in Gefahr über. Zuletzt geht es um die Bedrohungen, unter denen die Bundesrepublik Deutschland steht, die 1949 auch einmal als eine »neue Demokratie« begann und sich heute antidemokratischer Umtriebe erwehren muss. Ich folge dem im Schaubild auf Seite 45 dargelegten Schema, das die Möglichkeiten der Intervention verschiedener Akteure in die »Vertikalen der Macht« (Margarete Mommsen) zeigt.

Man könnte fragen, warum nicht Nordkorea und China, Saudi-Arabien und Kuba, Zimbabwe und die Zentralafrikanische Republik, die im Freiheitsranking weit hinter Russland auftauchen? Bei allem Respekt für die dortige Opposition und bei aller Bewunderung für die Bürgerbewegungen haben sich in diesen Ländern noch keine liberalen Institutionen und Prozeduren eingebürgert (bzw. hatte der Autor zu wenig Einblicke in die Philippinen unter Rodrigo Duterte und Brasilien unter Jair Bolsonaro). Dass US-Präsident Trump beiden Diktatoren genau wie dem ägyptischen Militärherrscher Abdel Fatah El-Sisi ausdrücklich Sympathie bekundet hat, ist allerdings erschreckend. Die Erinnerung an die Diktaturen des 20. Jahrhunderts zeigt, dass kein politisches System eine Lebensversicherung hat. It can happen anywhere.[37]

Die Vertikale der Macht ...

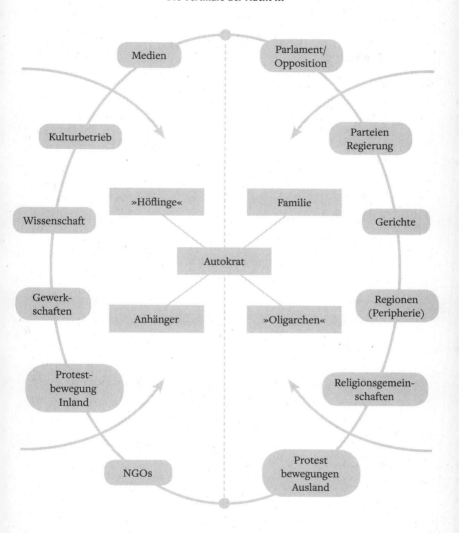

... und ihre horizontalen Gegenkräfte

ES KANN ÜBERALL GESCHEHEN

»Das ist die Seuche unserer Zeit /
Verrückte führen Blinde!«

Shakespeare, King Lear (IV,1)

Die Herrschaftsform unserer Zeit ist nicht, wie man um 1990 frohlocken mochte, die Demokratie. Sie ist in den Staaten weltweit immer noch in der Mehrheit, aber den Ton geben neuerdings eindeutig autoritäre Regime und Autokratien an. Dieser Terminus aus der Staats- und Herrschaftslehre ist zum einen personal definiert, als »selbstherrliche«, von einer Person oder kleinen Gruppe ausgeübte Herrschaft, zum anderen strukturell, indem diese die in Verfassungsstaaten übliche Gewaltenteilung, d.h. die Ausbalancierung der Exekutive durch Legislative und Judikative, missachten und bürgerliche Partizipation einschränken.[1] Das Spektrum reicht von restkommunistischen Diktaturen in China, Nordkorea und Kuba über Einmannregime wie in Singapur und auf den Philippinen, absolute Monarchien in der Golfregion und theokratisch legitimierte Regime wie im Iran und Brunei bis zu Militärdiktaturen in Afrika nördlich und südlich der Sahara. Die Gesellschaften dieser Staaten weisen eine lange autokratische Tradition auf und haben die sukzessiven »Wellen der Demokratisierung« nach 1945 vorüberziehen lassen müssen; Demokratiebewegungen wie in China 1989 und wiederholt im Iran, auch der »Arabische Frühling« sind brutal unterdrückt worden. Zu Autokratien regrediert sind Staaten an der europäischen Peripherie wie die Türkei und Russland, in denen die Demokratisierung beachtlich vorangekommen war. Ein ähnlicher Rückfall droht »neuen Demokratien« wie Ungarn und Polen, sogar klassischen Demokratien wie den USA und Kernländern der Europäischen Union. Die autoritäre Welle ist mächtig, weltweit und ungebrochen, dabei ist der Grad der Entfaltung autoritärer Politik ganz unterschiedlich.

Tabelle: Ranking der Freiheiten und Demokratie in sechs ausgewählten Staaten

* Freedom House Freedom in the World (2019): 100 (völlig frei), 0 völlig unfrei

** Reporter ohne Grenzen (2019): Rangliste der Pressefreiheit von 180 Ländern

*** Economist Democracy Index (2018): Rangliste von 167 Ländern

Land	Freiheitsskala*	Pressefreiheit**	Demokratie-Index***
Russische Föderation	20	149	144
Türkei	31	157	100
Ungarn	70	87	56
Polen	84	59	54
USA	86	48	25
Bundesrepublik Deutschland	94	13	13

Es bestehen aber signifikante Ähnlichkeiten, beginnend damit, wie die politischen »Strongmen« mit einer zahlenmäßig überschaubaren Entourage und ergebenen Anhängern in die Tiefe der Gesellschaften hineinwirken. Von ihrer typischen Megalomanie zeugen Machtsymbole wie der Trump Tower, der Kreml und die neu errichteten oder aufwendig renovierten Paläste in Ankara und Budapest. Dass diese Patriarchen sexistische und misogyne Züge an den Tag legen, dürfte kein Zufall sein, und dass es sich um alte (weiße) Männer handelt, wirft eine Gender- und generationelle Spaltungslinie auf. Wie in vormodernen Monarchien und antiken Tyranneien ist eine patrimoniale Herausbildung von Erbdynastien zu beobachten, wo enge Familienangehörige in Nachfolgepositionen gehievt werden.[2] Trump hat etwa öffentlich damit gescherzt, seinen Kindern oder Schwiegersohn Jared Kushner die Macht zu übertragen, und Putins Rochaden zwischen den Ämtern des Minister- zum Staatspräsidenten demonstrierten, wie zur Herrschaftsbegrenzung gesetzte »term limits« umgangen werden können. Wladislaw Surkow, ein führender Kreml-Ideologe, skizzierte schon einen »Langzeitstaat«, in dem ein mythisches »Tiefenvolk« sogar über Putins Tod hinaus mit ihm verbunden bleibe.[3] Erdoğans Familie – Gattin Emine, die Töchter Sümmeye, Sohn Bilal und Schwiegersohn Berat Albayrak – agieren auch schon wie Satrapen und Thronfolger, das Gerücht reicht schon aus, um eine dynastische Aura zu schaffen. Solche heute durch Medienprominenz und Militärgehabe[4] unterstützten Ambitionen führen fast zurück in antike Lehren des Herrschaftszyklus, in dem auf Demokratie Tyrannei folgt.

Damit zu den strukturellen, personenunabhängigen Elementen: Autokraten reißen die ausübende Gewalt an sich und unterlaufen die Gewaltenteilung, die wir schon als wichtigstes Antidot absoluter Macht ausgemacht haben.[5] Parlamente werden von gefügigen Parteien dominiert (Republikaner, PiS, Fidesz, Einiges Russland, AKP), unbequeme Richter und Staatsanwälte durch loyales Personal ersetzt. Dass die Opposition noch (halbwegs) legal agieren kann, gehört zu einem »kompetitiven Autoritarismus«[6], der sich dem Wettbewerb stellt und mit demokratischen Mehrheiten legitimiert, im Unterschied zu totalitären Regimen, die mit Staatsterror operieren und keinerlei formale Opposition dulden. In Autokratien sind oppositionelle Parteien zugelassen, man darf den Mund auftun und bekommt abweichende Meinungen in der Zeitung und in sozialen Medien geboten, Kulturschaffende und Comedians geben Kontra. Dabei sind die Parteienlandschaft und das öffentliche Meinungsklima extrem polarisiert, und die Führungspersonen veranstalten eine »permanent campaign«, wie Erdoğans und Trumps unermüdliche Rallyes in allen Teilen des Landes zeigen. Dabei halten postmoderne Autokratien zwar freie und geheime Wahlen ab, aber keineswegs faire: die Chancen der Opposition werden durch Verstöße gegen die Versammlungs-, Presse- und Meinungsfreiheit ebenso eingeschränkt wie durch die Exklusion der Opposition verdächtiger Gruppen und die Verhaftung oder Exilierung des

Spitzenpersonals. In der Türkei sind einzelne Parteien wegen Terrorverdachts verboten und ihre Führungsfiguren eingesperrt, in den USA, Ungarn und Polen werden politische Gegner als Volksfeinde disqualifiziert und in Russland im Extremfall ermordet, wie der Putin-Herausforderer Boris Nemtsow. Autokraten erzeugen ein allgemeines Klima der Angst und Resignation und agieren in einer Dunkelzone des »tiefen Staats«, wie man zuerst in der Türkei die undurchsichtige Kollusion zwischen politischen Eliten, Armeeangehörigen, Geheimdiensten, Justiz, mafiosen Zirkeln und rechtsradikalen Kreisen genannt hat. Autokraten verweisen gerne auf ihre durch Charisma und Klientelwirtschaft eingebundene Basis, ausländische Mächte werden verteufelt und deren Unterstützer als »Spione« denunziert.

Eine derartige »Vertikale der Macht« (der Terminus wird Wladimir Putin zugeschrieben) ist in Demokratien nicht vorgesehen und unzulässig. Dass die horizontale, nicht gelenkte Artikulation von Interessen und Meinungen eingeschränkt werden kann, ist auch Folge älterer Defekte: ungleiche Registrierungsprozeduren von Wählern in den USA, Klauseln, die regierenden Parteien wie in Ungarn und der Türkei eine (verfassungsändernde) Supermehrheit im Parlament zuschanzen, oder ein Electoral college, das die zahlenmäßige Unterlegenheit bei Wahlen wie im Falle Trumps übergehen kann. Besonderes Augenmerk verdienen Polittechnologien der Manipulation und Propaganda vor allem über soziale Netzwerke, die Kooptation ausgewählter, darunter religiöser Gruppen und die Pflege nationalistischer oder imperialer Mythen. So wird das Volk auf »My country-first«-Aversionen gegen multilaterale Kooperation (UNO, NATO) und supranationale Interdependenz (EU) getrimmt. Das müsste Autokratien eigentlich in eine nationalistische Konkurrenz versetzen, wie zuletzt die Reibungen zwischen Wladimir Putin, Recep Tayyip Erdoğan und Donald Trump angedeutet haben. Doch gegen den nach 1945 herausgebildeten Multilateralismus ziehen alle an einem Strang und bilden eine Internationale der Nationalisten, die uns erstaunliche Gipfeltreffen und Zweckbündnisse beschert. Die Freundlichkeit, mit der Trump (und Putin) Diktatoren wie Kim Jong-un, Jair Messias Bolsonaro und Rodrigo »Rody« Roa Duterte umwerben, korrespondiert mit der offenen Verachtung, die sie demokratischen Führungsfiguren z. B. der Europäischen Union entgegenbringen.

Bei der autokratischen Dauermobilisierung gibt es viele thematische Überschneidungen. Obwohl Einwanderung in den meisten Ländern demografische Defizite ausgleichen könnte, verbreiten autoritäre Bewegungen eine massive Phobie gegen Immigranten, vor allem Muslime. Im Visier stehen Personen wie der global tätige Finanzinvestor George Soros, der nach antisemitischem Muster zum Hintermann einer Verschwörung stilisiert wird. Auch wenn alle betreffenden Gesellschaften von der weltweiten und europäischen Interdependenz erheblich profitieren, betreiben die Autokraten meist eine protektionistische Abschottung, die bei der Zollpolitik Trumps jegliches Nutzenkalkül ver-

Der »ideelle Gesamtautokrat«: Gemeinsamkeiten autokratischer Herrschaft heute

Persönlichkeitsmerkmale	Strukturmerknale	Regierungsmodus
Narzissmus	Charisma	Personennetzwerke
Male-Chauvinism	Waffenkult	innere und äußere Aufrüstung
Raffgier	Vetternwirtschaft	neoliberale Wirtschaftspolitik
Präsidialstatus	Primat der Exekutive	Plebiszit, Dauerkampagne
Usurpation	Behinderung der Gerichte	Volksjustiz
Verlogenheit	Manipulation der Medien	Propagandaapparate
Paranoia	politische Feinderklärung	Erlasse und Verordnungen
Größenwahn	Zentralismus	imperiale Präsidentschaft
Egomanie	Ethnozentrismus	Migrationsstopp
»Dealmaker«-Image	Oligarchie	Protektion(ismus)
Antiintellektualismus	Provinzialismus	Zensur
Gläubigkeit	Staat-Kirche-Symbiose	Revision der Verfassung

missen lässt und ihn unter aufgeklärten Unternehmern und Verbrauchern als »mad man« erscheinen lässt. Eine weitere Gemeinsamkeit ist die enge, undurchsichtige Verquickung wirtschaftlicher mit politischer Macht, die Trump, Erdoğan und Orbán nicht im Mindesten verheimlichen. Selbst den lange als asketisch-integer geltenden Jaroslaw Kaczyński hat ein handfester Bauskandal erreicht. Putins Klientel, die das sowjetische »Volkseigentum« brutal ausgesaugt hat, geht auf eine alte Geheimdienstclique zurück und stößt Unbotmäßige auf barbarische Art aus. Rechtskräftige Verurteilungen des halben Trump-Wahlkampfteams deuten die kriminelle Energie solcher Zirkel auch in den USA an. Überall hat man es mit eklatanten Fällen von »Party bzw. State Capture« zu tun: Unternehmer vor allem der notorisch intransparenten Bauwirtschaft und Petro-Branche und Parteigänger der Autokraten haben sich den Staat zur Beute gemacht. Da werden marktwirtschaftliche Maximen zur Farce, Kredite nach Gusto vergeben und ausländische Investoren abgeschreckt. Wer wie Trump in seiner Inaugurationsrede versprochen hat, den »Sumpf« auszutrocknen, höhlt ordentliche Staatlichkeit aus und schafft selbst einen obskuren »Tiefen Staat«. Das erklärt den furiosen Kampf gegen eine unabhängige Justiz, die das verhindern, und eine freie Presse, die das aufdecken könnte. Der antiinstitutionelle Affekt geht noch weiter: Autokraten, die außer Viktor Orbán allesamt den Klimawandel leugnen, untergraben (genau wie Orbán ansonsten) die Glaubwürdigkeit der wissenschaftlichen Forschung, Politikberatung und Expertise. Dabei bedienen sie bizarre Verschwörungstheorien und pflegen einen paranoiden Politikstil.

Wer solche Leute wählt (und wieder wählt), wie im Extrem den philippinischen Diktator Duterte, für den trifft mutatis mutandis zu, was der bekannte Soziologe und Ex-Abgeordnete Walden Bello über seine Landsleute sagt, die »bereit sind zu übersehen, dass [...] eine ganze Reihe von Kandidaten durch und durch Schurken, Lügner oder ganz einfach Arschkriecher sind«.[7] Bei solcher Ignoranz stößt die Mehrheitsdemokratie durchaus an problematische Grenzen.[8]

Im Folgenden möchte ich genauer skizzieren, wie man die »Vertikale der Macht« durchkreuzen kann. »Horizontale« Gegenmacht entspringt, wo es noch geht, Ministerien, Gerichten und Parlamenten. Sie bringen Gegenkandidaten hervor, unbeugsame Richter gebieten der Willkür Einhalt, aufrechte »Bürokraten« unterlaufen die Willkür der Zentralgewalt. Hinzu kommen unabhängige Medien, die für freie Information und Kommunikation sorgen, auch Kulturstätten, die sich der vermeintlichen Alternativlosigkeit entgegenstellen, die Wissenschaft, die Standards der Wahrheitssuche aufrechterhält. Und zuletzt sind da »kleine Leute« mit der Courage eines Georg Elser. Dabei kommen einem Bilder von Davids Attacke auf Goliath in den Kopf, aber auch die berühmte Passage in Hans Christian Andersens Märchen *Des Kaisers neue Kleider*: »Aber er hat ja nichts an!« sagte endlich ein kleines Kind. ›Herr Gott, hört des Unschuldigen Stimme!‹ sagte der Vater; und der Eine zischelte dem Andern zu, was das Kind gesagt hatte. ›Aber er hat ja nichts an!‹ rief zuletzt das ganze Volk.[9] Nur ein Märchen?

Russland: Rebellionslust und Revolutionsangst

Man kennt die Inszenierung, wenn Wladimir Putin Reden an die Nation hält: Große Flügeltüren öffnen sich, der fast schmächtig wirkende Mann marschiert allein durch einen prächtig erleuchteten Saal und nimmt Platz vor dem handverlesenen Auditorium aus Duma-Abgeordneten, Senatoren, Popen, Provinzfürsten und sonstigen Honoratioren, die er etwas hatte warten lassen. Er lächelt fein und stimmt das Loblied an auf eigene Leistungen und die Größe Russlands, teilt aber auch Seitenhiebe aus gegen die Bürokratie oder die mangelnde Gebärfreudigkeit der Russinnen. Die Kameras fangen schläfrige Gesichter ein, munter werden sie bei der Aufzählung poetisch klingender Hyperschallraketen.[10] Eine ideale Szenerie für den Ruf des Kindes aus dem Märchen, das den Zaren in Unterwäsche hineinmarschieren sieht. Fragt man den Mann auf der Straße, wie lange das noch gehen wird, nach einem guten Dutzend solcher Reden, zuckt er mit den Schultern und meint damit wohl: noch eine Ewigkeit. Jüngere kennen gar nichts anderes als Putin im Kreml, und Russlandkenner versichern einem, die Frage nach Putins Sturz sei ohnehin falsch gestellt, denn Risse im Imperium seien weniger an der Spitze als in den Poren des weiten Landes zu finden.

Wie auch immer: Putin musste 2019 einen Tiefpunkt seiner Beliebtheit hinnehmen und versprach Abhilfe: günstigere Kredite, Hilfe für Kinderreiche, mehr Landärzte, höhere Stipendien und Renten. Auch die Korruption und den Missbrauch der Strafgerichte will der Präsident abstellen. Man spekuliert viel über das »System Putin«[11], weiß aber wenig über Kräfte und Mittel des Widerstands, russisch: Soprotivlenie. Es mag wie Kreml-Astrologie klingen: Aber ist eine Überwindung der russischen Autokratie überhaupt noch denkbar, und wie kann sich eine Machtalternative bilden? Das ist nicht nur eine Angelegenheit von Putins Ansehen oder Gesundheit: Kann sich die 1990 etablierte »unfertige«, in vieler Hinsicht inszenierte oder – wie Putin es ausdrückt – »souveräne Demokratie« zu Gewaltteilung, Pluralismus und Rechtsstaatlichkeit zurückentwickeln, gar eine (diesmal gelingende) Februarrevolution in Gang setzen, oder wird ein Koloss auf tönernen Füßen einstürzen wie weiland das Sowjetsystem? Putin herrscht mit einer kleinen St. Petersburger Clique: Können sich da die lebensgeschichtlichen Eigenheiten, die Potenzen und Netzwerke der Opposition in Russland, vor allem bei der jüngeren Generation zu einem ähnlichen Kollektivcurriculum fügen? Und damit konkret zum Druck auf die Macht-Vertikale: Was ist der »Systemopposition« bei Wahlen zuzutrauen? Welche Gegenmacht bieten die Gouverneure auf, könnte es ein neues Semstwo geben, einen Aufschwung der lokalen Selbstverwaltung wie im 19. Jahrhundert? Wie stark ist die Selbstorganisationsfähigkeit der »kleinen Leute«, die den alltäglichen Betrieb in den Übergangswirren der 1990er-Jahre aufrechterhalten haben? Welche Gefahr droht »von oben«, aus Kreisen der Silowiki, der Oligarchen, die einen schwächelnden Putin sicher nicht auf Gedeih und Verderb stützen werden? Was könnte junge Russinnen und Russen dazu bewegen, statt wie jetzt vielfach ins Ausland abzuwandern, daheim aktiv zu werden, und welches Potenzial bietet der Opposition das Internet als Machtressource? Wie einflussreich ist, was der Westen so an Russland schätzt: Literatur, Kultur und Geschichtsbewusstsein? Wie werden sich unabhängige Gewerkschaften, Religionsgemeinschaften und, als intern rivalisierende Macht, die bewaffneten Einheiten verhalten?

Als das »sowjetische Jahrhundert« (Karl Schlögel) zu Ende ging, schienen sich Demokratie und Kapitalismus auch in diesem hartnäckigen Widerstandsgebiet zu etablieren. Die Transition fiel bekanntlich anders aus, sie machte wenige superreich und das Gros der Russen nicht reicher.[12] In der ersten Dekade seiner Regentschaft kam Putin der durch hohe Rohölpreise und florierende Westgeschäfte gestützte Aufschwung entgegen, ebenso die Wiederherstellung der öffentlichen Sicherheit, die durch Terroranschläge schwer beeinträchtigt war. Im Windschatten einer politischen und ökonomischen Liberalisierung, die draußen freundlich begrüßt, drinnen aber von den meisten eher erlitten und beargwöhnt wurde, entstand dann eine fast vollendete Autokratie, die sich zunehmend aggressiv (nicht ohne das indirekte Zutun des Westens) gegen den politischen Liberalismus stellte. Mit der »russischen Welt« empfahl sich ein alternatives Zivilisationsmodell, im Prinzip eine territorial abgespeckte Sowjetunion minus Kommunismus ist.

Die Zeitdiagnosen zu Putins Russland bieten ein nur scheinbar widersprüchliches Bild von Rebellionslust und Revolutionsangst. Zum hundertsten Jahrestag des »Roten Oktobers« 2017 legte sich die Führung, die sonst jede russische Geschichtsepisode in ein imperiales Narrativ einzupassen versteht, Zurückhaltung auf und führte lieber die Rehabilitierung des Zarentums fort, dessen letzten Potentaten, Nikolaus II., die russisch-orthodoxe Kirche im Jahr 2000 heiliggesprochen hatte.[13] Man darf diese geschichtspolitische Hemmung als Ausdruck einer latenten Revolutionsangst *vor* und *in* einem Volk deuten, das trotz oder gerade wegen einer über die Jahrhunderte reichenden Diktaturerfahrung als unberechenbar gilt und, wie ich im Folgenden an einigen Beispielen zeigen will, auch ausgesprochen rebellisch sein kann. Das Jahr 2018, das Putin eine geradezu triumphale Wiederwahl bescherte, war tatsächlich voller Proteste, weniger der geduldeten Opposition von Jabloko, Kommunisten, »Gerechtem Russland« und Liberaldemokraten als durch außerparlamentarische Bewegungen bis in die letzten Winkel des Riesenreiches. Das erinnerte an die Proteste der Jahre 2011 bis 2013 gegen die himmelschreiende Korruption[14], verkörpert durch den (erst später aufgesprungenen) Rechtsanwalt und Blogger Alexei Nawalny[15], der Festnahmen und physische Attacken stoisch überstand und dessen Anhänger sich von Massenverhaftungen ebenso wenig abschrecken ließen wie von ungesühnten Mordanschlägen, denen schon 2006 die Menschenrechtsaktivistin Anna Politkowskaja zum Opfer fiel. Nawalny, der 2013 einen

Achtungserfolg bei den Moskauer Bürgermeisterwahlen einfahren konnte, polarisiert wegen seines autoritären Auftretens und nationalistischer Äußerungen auch die Gegner Putins.[16] Doch hat er sich einstweilen als stärkster Herausforderer profiliert, vor allem durch seine viral verbreiteten Youtube-Videos. Im März 2017 kamen auf seine Initiative Zigtausende Menschen in 97 Städten zusammen, im Juni, am Nationalfeiertag, erneut in 154 Städten, darunter trotz eines Demonstrationsverbots auf der Twerskaja im Zentrum Moskaus. Nawalny war im Vorfeld verhaftet worden, Hunderte Anhänger wurden abgeführt, doch die überwiegend jugendlichen Demonstranten beeindruckte das offenkundig wenig. Sie wirkten, als seien sie ohne jede Furcht.[17]

Solche Aktionen zivilen Ungehorsams, die Nawalnys (dann willkürlich verhinderte) Präsidentschaftskandidatur 2018 vorbereiten sollten, waren aus drei Gründen eine ernste Kampfansage an das Regime: wegen ihrer relativ großen Reichweite, wegen Nawalnys kraftvoller Statur und, mittelfristig vielleicht entscheidend, wegen der Jugendlichkeit seines Anhangs, der nicht länger im Radius des gelenkten Staatsfernsehens lebt, sondern über soziale Netzwerke kommuniziert, die keine Zensur unterbrechen kann. Nicht unerhebliche Teile von Russlands Jugend, die insgesamt als unpolitisch, systemtreu und wertkonservativ verschrien ist, erblicken in Nawalny (oder einem künftigen N.N.) die Alternative zu Loyalitätszwang und Abwanderungsdruck am Horizont. Der 43-Jährige verkörpert für viele die Zukunft, während das Regime nur die Vergangenheit ausschlachtet.

Dabei ist es auf die Jugend angewiesen und kann ihren Protest nicht einfach ignorieren.[18]

Unterbrochen durch das WM-Sommermärchen mit dem Überraschungserfolg der russischen »Sbornaja« steigerten sich die landesweiten Proteste im Herbst 2018. Hintergrund war der Beschluss der Duma, das Renteneintrittsalter schrittweise um fünf Jahre anzuheben. Das steht überall auf der Tagesordnung, wo man exorbitante Beitragserhöhungen oder Rentenkürzungen vermeiden will – in Russland wurden 2018 12 % weniger Bürger geboren als starben. (Allerdings beträgt die durchschnittliche Lebenserwartung der Männer derzeit nur 67 Jahre, sodass viele gar keine Rente mehr erwarten könnten.) Parallel sind die Realeinkommen durch den Preisverfall der Hauptexportgüter Öl und Gas und wegen der Währungsverluste des Rubels gesunken. Das war nun ein sozialpolitisch motivierter Protest gegen das bescheidene Resultat von 18 Jahren Putin-Herrschaft, nach denen heute ungefähr jeder fünfte Russe als arm gilt. Trotz (oder gerade wegen) einiger guter Wachstumsjahre erzeugt das ein Gefühl relativer Deprivation, historisch ein zuverlässiges Stimulans von Revolutionen. Als Putins Zustimmungswerte 2018 auf (immer noch!) 50 % absanken, verkündete der als »Kümmerer« bekannte Präsident höchstselbst, Frauen müssten nicht wie ursprünglich vorgesehen acht, sondern nur fünf Jahre länger tätig sein. Zur Neujahrsansprache 2019 bekamen dann satirische Videos wie »Großvater, geh in die Rente« oder »Putin schändet das neue Jahr« 1,2 bzw. 3,7 Millionen Klicks.

Protestiert wird nicht nur in Moskau.[19] Kaum auf dem Radar der (westlichen) Öffentlichkeit sind die lokalen Proteste gegen Umweltzerstörung und Privatisierung, gegen die Einführung einer Lkw-Maut zugunsten eines Putin-Günstlings, gegen willkürliche, als »Renovierung« getarnte Enteignungen durch kapitalistische Bauherren und – #Metoo lässt grüßen – gegen den alltäglichen Sexismus, der anlässlich eines Vergewaltigungsfalles in der Stadt Ufa am Ural zum landesweiten Thema wurde. Bauern setzten sich auf ihre Traktoren und rollten gen Moskau. Zehntausende beteiligten sich an Protesten gegen umweltschädliche Kraftwerke. Wie schon bei einem Kirchenprojekt in Moskau 2017 bildeten zuletzt in Jekaterinburg Anwohner eine Menschenkette um einen Park, der einer neuen Kirche weichen soll. Widerstand regt sich gegen den Abriss der Chruschtschowki, fünfstöckiger Mehrfamilienhäuser mit Durchgangszimmern, Miniküchen und ohne Aufzüge. Viele Großstadtbewohner wünschen sich zwar mehr Wohnkomfort, aber die Aktion »Renowazija« wurde als blanke Enteignung und Vertreibung empfunden. Es protestierten Zehntausende dagegen, unterstützt von Rechtsanwälten und Kommunalpolitikern. Besondere Brisanz hatte die wilde Müllentsorgung Moskaus und anderer Großstädte an deren Peripherie: Überall wuchern stinkende Deponien, deren Gifte ungehindert in Böden und Grundwasser einsickern. Im Moskauer Bezirk Taganka mussten im März 2018 50 Kinder in einem Krankenhaus behandelt werden, die giftige Dämpfe eingeatmet hatten. Die Regierung wollte das Problem lösen, indem sie den Müll in »Ökopark« genannte Deponien in weit entfernten Regionen (wie Archangelsk) verbringen ließ – mit dem Effekt, dass die Proteste dorthin schwappten und sich im ganzen Land ausbreiteten. Organisatoren der Müllproteste wurden in Hausarrest genommen und mit langen Haftstrafen bedroht. Größere und langlebigere Protestbewegungen gab es auch in Tscheljabinsk, der Millionenstadt am Ural, und gegen den Nickeltagebau am Chopjor-Fluss.

Zu diesen sozial- und umweltpolitischen Protesten kamen Aktionen der Arbeiterschaft. Im Gebiet Rostow protestierten Bergarbeiter gegen ausstehende Lohnzahlungen und gefährliche Arbeitsbedingungen in den Schächten, in Wladiwostok demonstrierten Rüstungsarbeiter über Monate für die Auszahlung ausstehender Löhne. Diese Sphäre wird weitgehend von systemtreuen Gewerkschaften kontrolliert, aber schon seit den späten 1980er-Jahren organisieren unabhängige Gewerkschaften Proteste und Streiks. Bemerkenswert war da ein Urteil des Stadtgerichts von St. Petersburg vom Januar 2018, das die unabhängige Interregionale Gewerkschaft Arbeiter-Allianz (MPRA) als »ausländischen Agenten« einstufte und bezichtigte, »politisch tätig« geworden zu sein. Die 2006 gegründete MPRA hat 2500 Mitglieder und agiert vor allem in Filialen westlicher Automobilkonzerne wie Ford, Volkswagen und Peugeot in St. Petersburg und in der Sonderwirtschaftszone Kaluga. Aufhänger waren Zuwendungen von knapp einer halben Million Euro für Schulungsmaßnahmen durch den in Genf ansässigen Gewerkschaftsdachverband IndustriAll, dem

50 Millionen Mitglieder in 140 Ländern – u.a. aus der deutschen IG Metall und der IGBCE – angehören. Beanstandet wurden auch Unterschriftensammlungen zur Unterstützung der Lastwagenfahrer, die gegen die Einführung einer Fernstraßenmaut protestieren, ein Aufruf gegen die Schließung von Krankenhäusern in Moskau im Jahre 2016 und eine Unterschriftensammlung für eine gesetzliche Indexierung der Löhne. Das Regime muss keine proletarische Revolution befürchten, es musste aber erkennen, dass lokale Ereignisse nationale Resonanz fanden und sich beunruhigende Traversalen durch die Protestlandschaft bildeten.

Mischa Gabowitsch stellt nun die entscheidende Frage: Wie soll sich ein System, das an der Spitze auf Freundschafts- und Klientelnetzwerken beruht, grundlegend wandeln, wenn die Gesellschaft als Ganze nach ebendiesem Muster funktioniert, weil sie Institutionen grundsätzlich misstraut und Vertrauen nur in kleine Gemeinschaften setzt, die einem Vergünstigungen, ein Bett im Krankenhaus oder den Schutz vor einer Attacke von oben verschaffen? Wenn nach dem Muster von »Putins Leuten« bei Gazprom auch die Parteien der Opposition und die regionalen Machtzentren gestrickt sind, sind unpersönliche und meritokratische Beziehungen, die auf Kompetenz beruhen und Effizienz anzielen, kaum durchzusetzen. Das wäre aber dringend erforderlich für eine nähere Zukunft, in der Erdöl und Erdgas nicht länger die Hauptstützen der russischen Wirtschaft sein werden und ein Systemwechsel zwingend ansteht. Historisch sind »orientalische Despotien« (Karl

Wittfogel) stets in Schwierigkeiten geraten, wenn aus Boden- und Naturalrenten per »negativer Integration« (Lew Godkow) nicht länger Wohltaten an die Untertanen abzuzweigen waren. Der Nationale Wohlfahrtsfonds, der sich aus Einnahmen des Öl- und Gasverkaufs speist, entpuppte sich als mager. Sie wurden zum Teil für Prestigeprojekte wie der Brücke zwischen dem russischen Festland und der Halbinsel Krim vergeudet, mit deren Bau ein Konsortium unter Führung des Putin-Freunds Arkadij Rotenberg betraut wurde. Mitarbeiter der Geheimdienste und Staatsbeamte beanspruchten das Gros der Einnahmen für sich. Generell herrscht ein unsicheres Klima für ausländische Investoren, die (genau wie einheimische Geschäftsleute) Gefahr laufen, in undurchsichtige Intrigen verstrickt zu werden. Die Grenzen zwischen der organisierten Kriminalität, korrupten Vertretern der Staatsgewalt und seriös gewordenen Unternehmern sind fließend, auch wenn der Staat nach den »verrückten« Jelzin-Jahren die Kontrolle wiedergewonnen und sporadisch Exempel statuiert hat.[20]

Wenn Integration »drinnen« nicht mehr funktioniert, malen Autokraten gerne äußere Bedrohungen an die Wand und starten militärische Abenteuer. In der zweiten Dekade Putins, die mit den Protesten 2011 ff. eingeleitet wurde, traten die aggressiven Züge eines Regimes zutage, das wieder über eine der stärksten (und loyalsten) Armeen der Welt verfügt. Es folgte der Überraschungscoup der Krim-Annexion und des in die Ukraine getragenen Krieges. Vorangegangen waren die Militärintervention in Georgien und permanente Nadelstiche in der baltischen Region sowie Cyberattacken in viele Richtungen. Die Arrondierung der »russischen Welt« war und ist durchaus populär, sogar die Rettung Baschar Assads in Syrien erzeugte patriotische Wallungen, war Russland nun doch wieder ein bestimmender Faktor der Weltpolitik. Doch geht das Rezept, innenpolitische Schwierigkeiten durch außenpolitische Abenteuer auszugleichen, nicht auf, wenn die 2019 um 2 auf 20 Prozent erhöhte Mehrwertsteuer und weitere Steigerungen der Wohnungsbetriebskosten für neue Sozialproteste sorgen. Da können schon ein einzelner Steuerverweigerer mit seinen Videoblogs und harmlose Rapper wie *Husky* und die Avantgarde-Band *IC3PEAK* (I Speak) die Macht in Unruhe versetzen. Denn Putin hat ein Erlösungsversprechen gegeben, ohne dass Licht am Ende des Tunnels erkennbar würde.[21]

Russische Oppositionelle wissen, dass die lokalen Protestbewegungen sich transregional vernetzen, eine landesweit glaubwürdige Symbolfigur kreieren und dabei dem konservativen Grundzug der russischen Gesellschaft Beachtung schenken müssen. Das politische System ist so auf den Präsidenten ausgerichtet, dass sich starke Persönlichkeiten nolens volens als »Anti-Putin« aufbauen müssten. Was einem dabei allerdings droht, zeigen die abschreckenden Beispiele des ins Straflager nach Sibirien beförderten Michail Chodorkowski und die Ermordung von Boris Nemtsow.[22] Eine genuin liberale Persönlichkeit steht in der älteren und mittleren Politikergeneration kaum zur

Verfügung. Derzeit käme als Herausforderer nur Nawalny infrage, der im Ausland auch als solcher gehandelt wird, aber kaum einem liberal-westlichen Ideal entspräche. Dass die russische Zivilgesellschaft auch ohne Anführer auskommt, zeigten die breiten und landesweiten Proteste gegen die willkürliche Festsetzung des Investigativjournalisten Iwan Golunow im Juni 2019.

Die bewundernswert vielfältige und zähe russische Zivilgesellschaft und die Nichtregierungsorganisationen (NRO), die für die Entwicklung von Menschenrechten und Demokratie und für den Aufbau von Strukturen bürgerschaftlichen Engagements unverzichtbar sind, versucht der Staats- und Justizapparat mit Gesetz über »ausländische Agenten« zu lähmen. Als »ausländische Agenten« waren im Stalinismus »Schädlinge«, Spione, Volksfeinde und fünfte Kolonnen westlicher Mächte bezeichnet worden.[23] Heute lenkt ein staatlich betriebenes Denunziantentum den Verdacht auf alle Gruppen, die sich in den letzten 30 Jahren für die Zukunft Russlands engagiert haben. Das Agentengesetz legt ihnen schikanöse Berichtspflichten auf und gibt Staatsanwälten und Justizministerium außerordentliche Prüfrechte. Politische Arbeit wird so systematisch erschwert, selbst über Initiativen wie der Aidsbekämpfung, die Russland bitter nötig hat, schwebt ein Damoklesschwert. Die soziologische Selbstreflexion wird damit ebenso behindert wie die Aufarbeitung der Gulag-Vergangenheit, wie die Anwendung des Gesetzes auf das Lewada-Forschungsinstitut und die Memorial-Gesellschaft gezeigt hat. Das Agentengesetz ist ein Instrument der Verdummung, weil es Auslandskontakte stigmatisiert und internationale Kooperation hintertreibt, auch im Hochschulbereich, den der Chef der Russischen Akademie der Wissenschaften, Alexander Sergejew, mit einem »Tal des Todes« verglichen hat. Der unerwünschte Nebeneffekt war freilich, dass das Etikett »ausländischer Agent« »gewissermaßen zu einer Art Gütesiegel geworden ist und zu einem Marker der Zugehörigkeit zu einer fest geschlossenen und kämpfenden Gemeinschaft«.[24] Weiter vertreten Gruppen und Einzelpersonen »soziale« Anliegen aller Art, die ja auch Putin in seinen Ansprachen als notwendig bezeichnet hat. Und es bilden sich auch ohne ausländische Unterstützung Graswurzelinitiativen aus, die über eigene Ressourcen verfügen und schwerer von der Zentralmacht zu kontrollieren sind.

Von religiösen Kräften, häufig Zufluchtsort der Opposition und Kraftquelle der Zivilgesellschaft, ist in Russland wenig zu erwarten. Waren im atheistischen Kommunismus alle Religionsgemeinschaften (darunter auch andere christliche Konfessionen, Juden, Muslime und die in Kalmykien, Tuwa und Burjatien mehrheitlichen Buddhisten) verpönt, trug der soziale Konservatismus der im Grunde stets staatstreuen Orthodoxen zu einer Annäherung und gelegentlich zu einer Symbiose zwischen Staat und Kirche bei. Gegen Provokationen von Pussy Riot stehen diese eng zusammen, sie nähren homophobe Ressentiments und Diskriminierung, prangern gemeinsam »Blasphemie« an und propagieren einen großrussischen Patriotismus: eine »Sinfonie von Kirche und Staat« (D. Medwedjew). Doch genau diese Symbiose könnte zum Problem werden, wenn sich die Alltagsfrömmigkeit einmal an der Instrumentalisierung des Glaubens für politische Machtentfaltung stößt.[25] Das jedenfalls erkannte ein erzkonservativ eingestellter Priester, Erzdiakon Andrej Kurajew, der im schwarzen Priesterrock und mit langem Bart auf einem Motorroller durch Moskau flitzt. Der selbst ernannte »Diakon der ganzen Rus« predigt eine volksnahe Religiosität, kritisiert die Kirchenhierarchie und weist auf verschwiegene Missbrauchsfälle in hoher Zahl hin. Er stellte sich auch gegen die Krim-Annexion und den Ukrainekrieg, nicht zuletzt wegen der Kirchenspaltung der orthodoxen Kirche zwischen Moskau und Kiew.

Unverzichtbar für oppositionelle Plattformen ist die Existenz unabhängiger Medien. Einige (vor allem Online-) Zeitungen üben offene Kritik an der Autokratie, wie die Blogger des Conflict Intelligence Team, das Petersburger Regionalblatt Fontanka, die Tageszeitung Kommersant und die Nowaja Gaseta, für die Anna Politkowskaja tätig war (und dafür mit ihrem Leben bezahlen musste). Diese kritischen Nischen-Medien bleiben ohne Belang für das Gros der Bevölkerung, das die regierungsnahe Iswestija und Komsomolskaja Prawda liest. Meinungsmacher sind die staatlichen TV-Sender. Wer sich durch sie durchzappt, fühlt sich an Berlusconis »Unterschichtenfernsehen« erinnert: bizarre Hofrituale des Kreml, Sowjetklassiker, religiöser Kitsch, platter Sex, verzerrte Korrespondentenberichte aus dem Westen, Aggro-Talkshows, national-konservative

Geschichtserbauung. Im gewichtigen Unterschied zur Sowjetpropaganda wird heute keine (historisch-materialistisch begründete) Wahrheit verkündet, sondern ein Kessel Buntes mit widersprüchlichen Wahrheiten präsentiert, die kein klares Bild von der russischen Wirklichkeit entstehen lassen *sollen*. Doch nutzt die jüngere Bevölkerung die schwerer von den Türstehern der Macht kontrollierbaren sozialen Medien, in denen zwar ebenfalls jede Menge Paranoia zirkuliert, aber auch Protestkampagnen schnell und kostengünstig auszulösen und zu lenken sind. Die Reaktion war die massive Verbreitung kremltreuer Informationen über Staatsmedien und regierungsnahe *Influencer*, zum anderen die Gesetzesinitiative, das russische Internet im »Bedrohungsfall« vom globalen Netz zu trennen und die »Beleidigung von Staatsvertretern« und die angebliche »Verbreitung von Falschinformation« zu ahnden.[26] Im Visier sind Informationen über Homosexualität und Drogenkonsum sowie Religionskritik. Aber auch gegen diese Knebelung kritischer Medien erhob sich Widerstand wie die Spendenaktion für die 2017 als Printmedium eingestellte und online weitergeführte Wochenzeitung The New Times. Als Chefredakteurin Jewgenia Albaz Strafbescheide zugestellt wurden, hielt die Plattform eine Spendenaktion am Leben, an der sich Großspender ebenso wie mittellose Menschen beteiligten.

Bedroht sind auch freie Wissenschaft und Kunst. Die Zahl der Wissenschaftler hat sich seit den 1990er-Jahren um zwei Drittel verringert, die Zahl der hoch qualifizierten, vor allem jungen Auswanderer beziffert man auf 44000 pro Jahr. Bemerkenswert ist nur die Erfolgsgeschichte der »Higher School of Economics« seit 1992, während es die sozial- und geisteswissenschaftlichen Fächer schwer haben. Auf internationale Kooperation angewiesen, sind sie seit der gesetzlichen Restriktion gegen »ausländische Agenten« 2015 oft zum Abbruch des Austauschs und zur Schließung wissenschaftlicher Einrichtungen gezwungen. Diese Diszi-plinen haben am meisten mit der national- und religiöskon-servativen Ausrichtung der Kulturpolitik zu kämpfen. Die russische Wissenschaft benötigt dringend internationale Sichtbarkeit, doch verschafft ihr die ideologische Natio-nalisierung eine schlechte Reputation. Russland sei »das freieste Land der Welt«, äußerte dagegen einmal der be-kannte Street-Artist T-Radya. Und Ludmilla Ulitskaja, die jüdisch-russische Drehbuchschreiberin, die böse Erfahrun-gen mit dem Repressionsapparat gemacht hat, schreibt der Kultur trotz alledem eine große Bedeutung zu: »Was auch immer die Bemühungen des Regimes sein mögen, um die kreative Freiheit zu ersticken, unüberschreitbare Grenzen aufzurichten, sich die Arbeit der Künstler untertan zu ma-chen und sie zu gängeln, hört das Theaterleben nicht auf zu blühen, kommen bemerkenswerte Filme heraus, malen die Maler, komponieren die Komponisten ... und bezeugen die Unzerstörbarkeit der kreativen Fähigkeiten.«[27] Dage-gen stehen punktuelle Repressionen der Staatsgewalt. Als *Pussy Riot* 2012 das berühmte »Punk-Gebet« in der Mos-kauer Christi-Erlöser-Kathedrale aufführte, um gegen die

Wahlkampfunterstützung für Wladimir Putin durch den Patriarchen Kyrill zu protestieren, wurden drei Frauen der Punkrockband verhaftet und zu zwei Jahren Lagerhaft verurteilt. Damals wurde auch die »Beleidigung religiöser Gefühle« von einer Ordnungswidrigkeit zur Straftat hochgestuft, der Volksverhetzungs-Paragraf wird auf kritische Äußerungen über die Kirche und die Bibel angewandt. 2016 wurde der 22-jährige Blogger Ruslan Sokolowskij festgenommen und zu dreieinhalb Jahren Freiheitsentzug auf Bewährung verurteilt, weil er das populäre Smartphone-Spiel Pokémon GO während eines Gottesdienstes spielte, Aufnahmen davon ins Netz stellte und diese kirchenkritisch kommentierte. Der größere Teil des russischen Kulturbetriebs – Theater, Zeitschriften, Musikensembles – hängt von staatlichen Zuwendungen ab, die nach Gutdünken entzogen werden können. Die Aufsichtsbehörden schlagen nach dem Zufallsprinzip zu und schaffen eine Verunsicherung, die hier zu Opportunismus und Selbstzensur, dort zu extremer Reaktion und Verfolgung führt. Als Menetekel für Kulturschaffende in allen Ländern mit neurechten Strömungen weist die Kulturpolitik Wladimir Medinskis (Funktionär von Einiges Russland, Hobbyhistoriker, Schriftsteller, »Mythenforscher«, nebenbei ein überführter Plagiator und seit 2012 Kulturminister der Russischen Föderation) der Kunst die Rolle patriotischer Erbauung zu. Exekutiert wird das von selbst ernannten Hütern der Sittlichkeit, die Filmvorführungen und Konzerte stören und verhindern. Und trotzdem bleiben die kulturellen Szenen, die sich nicht auf die russischen Metropolen beschränken, eine lebendige Quelle geistiger Kreativität – und damit auch von Opposition. Sie drücken selbstbewusst Dissens aus, halten öffentliche Räume offen und zeigen Haltung gegenüber der Macht. Exemplarisch hat wieder *Pussy Riot* bei einem ihrer letzten Auftritte in der 52. Minute des WM-Endspiels 2018 in Moskau in Polizeiuniformen das Feld wie Blitzer durchquert und dem Millionenpublikum eine Spielunterbrechung zugemutet. In Erinnerung an den elf Jahre zuvor verstorbenen Performer Dmitri Prigov nannten sie die Aktion den »Himmlischen Polizisten«, der Gutes tut (z.B. Kinder im Schlaf beschützt), im Unterschied zum irdischen Polizisten, der Oppositionelle verfolgt. Dem Aufruf schloss sich eine Liste konkreter politischer Forderungen an: Befreiung der politischen Gefangenen, keine Inhaftierung wegen Internet-»Likes«, Stopp der illegalen Verhaftungen bei Protesten, Zulassung politischen Wettbewerbs, keine grundlosen Verhaftungen und Falschanklagen und: Verwandlung der Erden- in Himmelspolizisten.

Da wären wir fast wieder bei Andersens Märchen. Dass die Machthaber mit dieser und anderen aufsässigen Gruppen nicht zurande kommen und ihre Mitglieder gegebenenfalls. monatelange Haft stoisch hinnehmen, zeigt, dass Russlands Autokratie spektakuläre und verschwiegene Aktionen zivilen Ungehorsams geschehen lassen muss. Zwar können Sicherheitsorgane erbarmungslos zuschlagen bei der Auflösung von Straßenprotesten wie bei der Nachstellung von Personen, die sie ins Visier genommen haben

(Amnesty International verzeichnet Dutzende Fälle von Folter und unmenschlicher Behandlung, die keineswegs nur erklärte Oppositionelle treffen), aber auch hier gibt es immer wieder »einsichtige« Reaktionen der zuständigen Aufsichtskommissionen und Untersuchungen des Menschenrechtsrats beim Präsidenten. Terror gegen Andersdenkende wird nicht systematisch-flächendeckend ausgeübt, das Regime vertraut auf die abschreckende Wirkung vereinzelter Repressionen und will damit Selbstzensur oder Resignation hervorrufen.

So fällt die Bilanz gemischt aus. 100 Jahre nach der Oktoberrevolution herrscht bei vielen Akteuren der russischen Gesellschaft und Politik weiter die Revolutionsangst vor, auch die Sehnsucht nach einem starken Staat, der für Ordnung sorgt und die Verlierer der »Transformation« schützt. Auch wenn so für Opposition, Protest und Widerstand wenig Raum bleibt, wird dieser politischer und radikaler und lässt die autokratische Vertikale zunehmend fragil erscheinen. Der Schriftsteller Viktor Jerofejew hat die Stimmung im Lande zur Jahreswende 2019 als Beginn einer neuen Ära wahrgenommen, in der die Russen klarer sehen, was vor ihren Augen abläuft, und in der sie gleichgültig werden vor den Kommandos der Obrigkeit. Zugleich aber müssen sie stets fürchten, der Kreml könne sich in einen »kollektiven Herostraten« verwandeln, der nach den Kriegen in der Ukraine und in Syrien nicht zögern würde, die nuklearen Horrormaschinen anzuwerfen.[28]

Viel hängt von der jungen Generation ab, deren Haltungen und Einstellungen widersprüchlich bewertet werden. Die am Lewada-Zentrum tätige Soziologin Natalia Zorkaya warf der »Generation Putin« im Frühjahr 2017 noch vor, die demokratischen Errungenschaften der 1990er-Jahre verraten zu haben und in den zynischen Konformismus der Sowjetära zurückgefallen zu sein. Viele begeisterten sich für extreme nationalbolschewistische Ideen, wie sie der Schriftsteller Sachar Prilepin verkündet, der sich als Kämpfer in den Donbass begeben hat, oder folgten bizarren Verschwörungsszenarien des »Eurasiers« Aleksander Dugin. Hoffnungen auf eine nachhaltige Verwestlichung, die sich nicht in einer individualistischen Erfolgs- und Statusfixierung erschöpft, sind laut Zorkaya enttäuscht worden oder hätten sich als Wunschdenken entpuppt; Anpassung und egoistische Überlebensstrategien hätten Eltern und Lehrer an ihre Kinder weitergegeben, die Verarbeitung der Vergangenheit und die Auseinandersetzung mit dem Konformismus des Sowjetmenschen seien vermieden worden. Wie diese Spezies hätte die Jugend kaum Zukunftsideen und -hoffnungen. Zugleich empfänden sie ihren sozialen Aufstieg als selbstverständlich und »den Westen« (und speziell Amerika) nicht länger als kollektives Vorbild. Die »patriotische« Außenpolitik Putins ist bei ihnen in der Tat ebenso auf breite Resonanz gestoßen wie die sozialkonservativen Positionen der Kirche. Politische Beteiligung steht nicht hoch im Kurs, die Zustimmung zum Regime überwiegt bei Weitem die Kritik. Diese ernüchternde Bilanz musste Zorkaya wenige Wochen später relativieren, als sich vor allem junge Leute, über soziale Medien und eine neue Sprache verbunden, zum Straßenprotest, zuletzt gegen die Rentenpolitik, eingefunden hatten. Auch Masha Gessen fragte, warum junge Leute sich ausgerechnet gegen die Rentenreform gestellt haben: »… es ist, als wäre eine politische Kraft in Russland aufgetaucht, die zwar amorph und wechselhaft ist, aber zuverlässig in ihrem Protest. Und das ist Putins Albtraum.«[29]

Sein Kapital ist, das russische Volk aus dem Selbstbild einer gewaltigen Niederlage herausgeführt zu haben. Russlands Sicherheit wurde in der Geschichte stets damit begründet, einen Cordon sanitaire um sich herum zu wissen. Die Integration der Anrainer Russlands in die politischen und militärischen Bündnissysteme des Westens nährt die alte Umzingelungsangst, die Verve der »Farben-Revolutionen« in den Nachbarländern Georgien und Ukraine die Angst vor der Rückkehr des (vermeintlichen) Chaos der Jelzin-Jahre. Die Mehrheit der Russen teilt den Wunsch, mittels einer Politik der Stärke, die Putin inkarniert, wieder eine Weltmacht zu sein und internationales Ansehen zu genießen. Doch ein Land wie die Russische Föderation (mit knapp 17,1 Millionen Quadratkilometern das größte und mit knapp 145 Millionen Einwohnern aus allen Kulturkreisen das neuntgrößte Land der Welt) lässt sich nicht von einer Machtzentrale aus kontrollieren – die Binsenweisheit hat sich in der russischen Geschichte mehrfach bewahrheitet und bleibt auch unter Putin gültig. Die Fülle der oftmals idiosynkratischen und selten verbundenen, kaum einmal als Makroereignis kommunizierten Proteste gegen Putins Politik ist bemerkenswert. Überalterung und Rentnerelend, Ressourcenfluch und technische Rückständigkeit erzeugen Unzufriedenheiten, die der Machtapparat schwer beseitigen kann, ihm aber angelastet werden – es muss gar kein Super-GAU wie 1986 in Tschernobyl sein, der ein marodes System kollabieren lässt.

Es geht der Mehrheit der Russen bisher nicht vornehmlich darum, Putin und seine Regimeform zu überwinden. Ein überwiegender Teil der Protestereignisse ist nicht vom Wunsch eines Systemwechsels, einer Demokratisierung oder sonst einer übergreifenden Perspektive getrieben. Allerdings traf das für viele Bürgerinitiativen, Protestgruppen und soziale Bewegungen zu, deren demokratiepolitische Perspektive bzw. demokratisierende Wirkung erst mittelfristig spürbar geworden ist. Putin ist kein Reformer vom Schlage Chruschtschows oder Gorbatschows, die den Bruch mit Stalin und Breschnew herbeigeführt haben, und eine Figur, die den Putinismus beendet wie diese beiden den Stalinismus und die KPdSU, ist weder im Kreml noch außerhalb in Sicht. Wird dann die unumgängliche Wirtschaftsmodernisierung eine politische Liberalisierung bringen, und könnte das ein weniger konfrontativer Kurs seitens der USA und der EU erleichtern? So wie Putins Regime eine von strategischen Fehlern und Versäumnissen Amerikas und Europas begünstigte Wahl war, könnten eine »De-Putinisierung« die Demokratisierung seit 1990 wiederaufnehmen.[30]

Diese Aussicht ist wichtig, solange sich Russland als Vorbild für autoritäre Strömungen in Europa und militanter Vetospieler auf der internationalen Bühne betätigt und via Cyberwar Meinungsbildung und ordnungsgemäße Wahlen stört. Die scharfe Kritik an Putins Autokratie sollte nicht zur »Russophobie« verleiten – Russland bleibt, wie es einmal hieß, Teil des Europäischen Hauses.

Tamam: türkische Opposition in der Diaspora

Frühere türkische Regierungen, darunter die ersten von Recep Tayyib Erdoğan, haben den Beitritt zur Europäischen Union betrieben, der mit der autoritären Wende endgültig ausgeschlossen scheint. Doch durch die Migration bestehen enge wirtschaftliche, kulturelle und politische Beziehungen mit dem Westen fort. Welche Rolle kann da die »Diaspora« – in Deutschland über drei Millionen »Deutsch-Türken« – im Widerstand gegen die autokratischen Verhältnisse in der Türkei spielen? Dem autoritären Regime nutzt die Exilierung von Oppositionellen als Ventil, um sich Widerspruch vom Hals zu schaffen, aber in die andere Richtung können Emigranten auch in den Kampf um die Wiederherstellung der Demokratie in der Heimat eingreifen. Mit dem Überraschungserfolg der Opposition bei den Kommunalwahlen im März 2019 und dann noch triumphaler im Juni bei der erzwungenen Wiederholung der Wahl in Istanbul haben sich neue Hoffnungen ergeben, Infostände von Anhängern des Wahlsiegers in Istanbul, des CHP-Politikers

Ekrem İmamoğlu, konnte man erstmals auch in deutschen Fußgängerzonen sehen.

Der bis dahin gefährlichste Angriff auf die Machtfülle Erdoğans war von außen gekommen: von einem ehemaligen Bündnispartner, dem in den Vereinigten Staaten lebenden Religionsführer Fetullah Gülen. Die Gülenisten agierten halb im Geheimen und versuchten, Polizei und Justiz gegen Erdoğan aufzubringen. Der misslungene Putsch im Juli 2016 beendete einen schmutzigen »Bruderkrieg«, dessen Kollateralschaden die Zertrümmerung der Demokratie in der Türkei war. Unter dem Vorwand, sie hätte »Terroristen« unterstützt (wahlweise die Gülenisten oder die kurdische PKK), wird jegliche Opposition erbarmungslos verfolgt. Erdoğan, 2014 per Referendum zum Staatspräsidenten gekürt, richtete sich wie ein osmanischer Sultan in seinem (illegal errichteten) Palast ein und installierte eine andere Republik.[31] Der von ihm proklamierte Ausnahmezustand erlaubte jeden Übergriff, auch nach seiner Rücknahme herrscht weiterhin reine Willkür. Um sich sammelte der Re'is ein Netzwerk von Profiteuren, die von Erdoğan gegründete und verkörperte AKP sorgt für den Massenanhang. Das Bündnis mit der Milliyetçi Hareket Partisi (MHP), einer den Grauen Wölfen entsprungenen Partei, amalgamierte deren ethnischen Nationalismus mit dem religiösen Konservatismus. Die MHP nahm das Gros der von Gülen-Anhängern gesäuberten Stellen ein und bewegt den Staatsapparat in die Richtung, die Erdoğans Coup vorgegeben hatte: illiberal und großtürkisch.

Die Parteien der Opposition – die Kemalisten der CHP, die kurdische HDP, IYI (eine Abspaltung der nationalistischen MHP, die das Bündnis mit Erdoğan ablehnt) und die islamistische Saadet-Partei – werden ebenso behindert wie die freie Presse. Exemplarisch sind die Prozesse gegen Mitarbeiter der Zeitung Cumhuriyet im Winter 2018/19 und die Verfolgung der investigativen Journalistin Pelin Ünker, die über türkische »Panama Papers« berichtet und Machenschaften der Familie des türkischen Ministerpräsidenten Yildirim belegt hatte. Die Justiz ist zum willfährigen Instrument der absoluten Macht des »Sultans« degradiert; Tausende Oppositionelle sind oft seit Monaten ohne Anklage inhaftiert, darunter Bürgermeister, Abgeordnete und Funktionäre der als ziviler Arm der PKK angesehenen »Demokratischen Partei der Völker« (HDP), die sich von einer kurdischen Interessenvertretung zur Bürgerrechtspartei gemausert hat. Deren Hochburgen im Südosten standen unter Zwangsverwaltung aus Ankara, an vielen Stellen kochte der Kurdenkonflikt wieder hoch. Straßenproteste werden regelmäßig im Keim erstickt, die Versammlungsfreiheit ist aufgehoben. Die verbliebenen Nichtregierungsorganisationen, von denen seit 2016 rund 1400 Vereine und 139 Stiftungen per Dekret verboten sind, führen einen verzweifelten Überlebenskampf.

Vielen Oppositionellen blieb nur noch die Flucht ins Exil. Das war ein Aderlass für die türkische Gesellschaft, für Erdoğan aber ein Ventil, um Widerstand loszuwerden. Zwar war die in den 1960er-Jahren einsetzende Abwanderung aus der Türkei nach Europa überwiegend eine Arbeitsmigration mit Familiennachzug, aber auch ein politisches Exil von Oppositionellen, religiös Verfolgten und Angehörigen der kurdischen Minderheit. In der AKP-Ära änderte sich zunächst die Richtung, da von 2006 bis 2014 Rückwanderungen aus Europa in die Türkei überwogen, doch seit 2016 drehte sich der Trend erneut und stieg die Zahl der Auswanderer binnen Jahresfrist um zwei Drittel auf über 110000 Personen, überwiegend junge Menschen zwischen 20 und 34 Jahren, Angehörige der städtischen Bildungselite und zunehmend Frauen.[32]

Ein Hauptziel war und ist Deutschland, wo die zwischen der Türkei und Europa bestehende Freizügigkeit (jedenfalls für Deutsch-Türken mit türkischem Pass) ein intensives Hin und Her erlaubt. Die im Vergleich zu den erwähnten (Rück-)Rückwanderern und den exilierten Akademikern und Intellektuellen zahlenmäßig größte Gruppe türkischer Migranten mit oder ohne EU-Pass verhält sich Erdoğan gegenüber loyal. »Auslandstürken« hat er bei Großveranstaltungen in Deutschland vor der Assimilation gewarnt, die er ein »Verbrechen gegen die Menschlichkeit« nennt, und ihnen die Möglichkeit erleichtert, im Ausland zu wählen. Von den rund 1,4 Millionen wahlberechtigten Türken votierten bei der Parlamentswahl 2015 fast 60 % für die AKP, beim Referendum 2017 stimmten 61 % mit Ja, und bei den Parlaments- und Präsidentschaftswahlen im Juni 2018 errang die AKP fast zwei Drittel der Stimmen.

Die Wahlbeteiligung in Deutschland lag bei 49,7 % und

war damit so hoch wie nie zuvor. Zwar kann die AKP daher weiterhin keine Mehrheit unter den Deutsch-Türken für sich reklamieren, doch die Tatsache, dass Migranten auch der dritten und vierten Generation sich so stark zu einem Autokraten bekannt haben, verlangt nach einer Erklärung. Die einen stilisieren jubelnde Erdoğan-Anhänger zur fünften Kolonne einer Parallelgesellschaft, die anderen wollen darin eine nachvollziehbare Reaktion auf erlittene Diskriminierung erblicken. (Aufsehen erregte vor allem die Trikotübergabe der deutschen Nationalspieler Mesut Özil und Ilkay Gündogan, beide 1988 bzw. 1990 in Gelsenkirchen geboren, an »ihren« Präsidenten Erdoğan. An den beiden Fußballidolen erwies sich aber auch die mentale Differenz zwischen der »Gastarbeiter«-Generation ihrer Eltern und »New Wave«-Migranten, die in den letzten Jahren aus der Türkei kommen.) Bei genauerem Hinsehen zeigt sich, dass ein anhaltendes Interesse an Entwicklungen im Herkunftsland weniger auf mangelnde Integration zurückzuführen ist, es spiegelt vielmehr die über Jahrzehnte gewachsene transnationale Situation, die Erdoğan-Anhänger ebenso wie ihre Gegner betrifft.[33] Selten identifizieren sich Deutsch-Türken exklusiv mit einem, dem Herkunfts- *oder* Aufnahmeland; auch Inhaber eines deutschen Passes, die sich Deutschland verbunden fühlen, haben eine »Mehrfachidentität«. Deutsch-Türken, die weniger am Heimatland hängen, sind nicht per se weniger AKP-affin, und wer sich stärker für die Geschehnisse in der Türkei interessiert, ist in Deutschland nicht automatisch schlechter integriert oder per se Anhänger Erdoğans. Auch eine (wie auch immer) »gelungene« Integration schützt nicht vor der Akzeptanz autoritärer Werte und Strukturen. Wenn transnationale Beziehungen also in beide Richtungen wirken, könnte davon auch eine demokratische Opposition in der Türkei profitieren.

Circa 70000 Studierende sind in der Türkei relegiert worden, weit über 2000 türkische Akademiker – ein spezielles Segment der Emigration – leben heute im Exil in Europa. Solchen »Scholars at Risk« bieten z.B. die Philipp Schwartz-Initiative der Alexander von Humboldt-Stiftung mit Unterstützung des Auswärtigen Amtes und ähnliche Förderprogramme Arbeitsmöglichkeiten im Transitraum Deutschland.[34] Hier bedarf es eines kleinen historischen Rückblicks in die 1930er-Jahre: Der Namensgeber Philipp Schwartz war ein jüdischer, in Frankfurt am Main tätiger Mediziner, der nach der Flucht vor den Nazis im Jahr 1933 das Institut für Pathologie an der Istanbuler Universität übernahm. Es ist wenig bekannt, dass sich mit ihm in den 1930er- bis 1950er-Jahren bis zu 1000 Exilierte in der Türkei aufhielten, darunter der Komponist Paul Hindemith. Sie schlugen unterschiedliche Lebenswege ein: Die meisten zogen vor oder nach 1945 weiter an andere Destinationen, der Romanist Erich Auerbach etwa an die Yale University und der Ökonom Wilhelm Röpke in die Schweiz. Nur wenige blieben in der Türkei, wie der Jurist Ernst Eduard Hirsch, der Verfasser des türkischen Handelsgesetzbuches; er unterstützte die von Kemal Atatürk und seinen Erben vorangetriebene Modernisierung. Assimilation oder Integration in der Türkei waren dabei gar nicht erwünscht, vor allem die jüdischen Flüchtlinge sollten »ewige Gäste« bleiben und wurden ausgenutzt, wie Auerbach an Walter Benjamin schrieb, um das verhasste und bewunderte Europa alsbald mit den eigenen Waffen schlagen zu können.[35] Die Übrigen kehrten zurück in ein zerstörtes, zu Emigranten überwiegend skeptisch eingestelltes Deutschland, wie der von 1947 bis 1953 als Berliner Oberbürgermeister amtierende Ernst Reuter und der Historiker Ernst Engelberg in die DDR.

Die Wege der türkischen Akademiker im Exil sind heute anders und doch wieder ähnlich. Die internationale akademische Gemeinschaft ist ein weltweiter Großbetrieb geworden, richtet sich an globalen Gepflogenheiten und der englischen Sprache aus und erlebt in prekären Beschäftigungsverhältnissen in Kurzzeitprojekten die Usancen von Wirtschaftsunternehmen. Zu ihren Optionen – Ansiedlung an den Exilorten oder Rückkehr in die Türkei – können die erst seit wenigen Jahren oder Monaten in Europa befindlichen Exilwissenschaftler noch wenig sagen. Aus (nicht repräsentativen) Gesprächen geht hervor, dass auch sie mehrere »Seelen in der Brust« haben. Priorität hat für die meisten die Fortsetzung der jäh unterbrochenen akademischen Karriere am dafür geeignetsten Ort. Ob sie auf der internationalen Bühne reüssieren, hängt von vielen Unwägbarkeiten des akademischen Betriebs ab. Viele türkische Akademiker sind im Postdoc-Stadium, an die sich eine Professur oder eine andere feste Position anschließen soll, werden aber in ein unsicheres Prekariat eingefügt. Dass die anglofon sozialisierten türkischen Wissenschaftler z.B. deutsche Sprachkenntnisse erwerben sollen, bereitet ihnen Mühe. Die baldige Rückkehr in eine demokratische Türkei, in der Wissenschafts- und Meinungsfreiheit wiederhergestellt sind, ist für die meisten eine eher vage Option; aber in diesem Fall möchten sie an familiäre und freundschaftliche Kontakte anknüpfen, die im Exil trotz einer in den Großstädten dichten türkischen Community nicht leicht zu ersetzen sind. Im strikten Sinn politisch aktiv sind die wenigsten, zur türkischen Opposition nehmen sie in der Regel eine Beobachterposition ein.

Als Effekt des akademischen Exils heute erhoffen sich manche ihrer Unterstützer die Veränderung der hiesigen akademischen Landschaft in einer generell »postkolonialen« Perspektive. Deutschland ist für diese Emigranten sicher nicht das Gelobte Land; dauerhafte Ansiedlung in Europa sehen sie nicht als einen »Gnadenakt«, zumal einige Wissenschaftler bei allem schützenden Engagement der Förderorganisationen im akademischen Alltag wie in der weiteren Gesellschaft Indifferenz und Diskriminierung erleben. Dabei könnte der andere Blick, den Exilierte aufgrund ihrer persönlichen und politischen Erfahrung einbringen, dem etablierten Wissenschaftsbetrieb guttun, wenn er einem akademischen Kosmopolitismus verpflichtet bleibt, den Erich Auerbach seinerzeit mit einer mittelalterlichen Losung beschrieben hat: »Wem sein Heimatland lieb ist, der ist noch zu verwöhnt; wem jedes Land Heimat ist, der ist schon stark; wem aber die ganze Welt Fremde ist, der ist vollkommen«.[36]

Stärker als diese Akademiker nutzen aus der Türkei vertriebene Journalisten und Publizisten die Chance, in Europa politisch aktiv zu sein. Portale, Blogs und Reportagen dienen dazu, die bedrohte Türkei in Europa nicht in Vergessenheit geraten zu lassen, und sollen den Widerstand zu Hause stärken. Ein Beispiel ist Taz-Gazete, ein zweisprachiges, 2017 von der Berliner tageszeitung initiiertes Webportal. Es bringt, ähnlich wie das Kölner Türkei-Forum, Artikel, Kolumnen, Interviews, Analysen, Reportagen, die meist aus dem Türkischen übersetzt sind. Schwerpunkte der Berichterstattung sind dabei die Diskriminierung von Frauen, auch von ethnischen, kulturellen und sexuellen Minderheiten in der Türkei. Dabei bekämpft Gazete allfällige Türkei-Stereotypen und dokumentiert Fälle von Inhaftierungen und Übergriffen. Speziell um verhaftete, »verschwundene« und an der Arbeit gehinderte Journalisten kümmert sich »Reporter ohne Grenzen«, die das Land auf der Rangliste der Pressefreiheit auf dem sehr niedrigen Platz 157 (von 180) platziert. Die Pressefreiheit in der Türkei wird auch dadurch eingeschränkt, dass Medien in den Besitz und unter Kontrolle Erdoğan-naher Verleger und Chefredakteure gebracht wurden. Nicht auf spezielle Berufsgruppen eingeschränkt ist die Tätigkeit von Amnesty International und anderen Menschenrechtsorganisationen sowie von engagierten Anwälten, die Repressionen in der Türkei dokumentieren, Petitionen starten und sich um bessere Haftbedingungen und Freilassungen bemühen.

Die politische Mobilisierung in der Diaspora ist bisher wenig erforscht. Türkische »Gastarbeiter« haben sich in Kulturvereinen, Gewerkschaften und Sozialverbänden, später auch in deutschen Parteien vor allem der Linken und zuletzt auch in der CDU und FDP organisiert. Die türkischen Oppositionsparteien sind in der Diaspora nicht stark präsent; kurdische Organisationen sind aktiver, sprechen aber vor allem die in Europa lebenden Kurden an. Kulturveranstaltungen können eine wichtige politische Funktion übernehmen. Systemkonform ist die mächtigste, aus der Türkei agierende Organisation, die Türkisch-Islamische Union der Anstalt für Religion e.V. (DİTİB), die in Deutschland die meisten Moscheen unterhält und das Gros der vom türkischen Staat bezahlten Imame stellt. Da DİTİB unter der Aufsicht des Präsidiums für religiöse Angelegenheiten der Türkei steht, das Erdoğan direkt unterstellt ist, verwundert es nicht, wenn DİTİB-Personal sich in den letzten Jahren als Wahlhelfer der AKP (und sogar als Spitzel gegen die Gülen-Bewegung) betätigt hat und die Ziele der türkischen Außenpolitik unterstützt. Die einst oppositionelle Islamische Gemeinschaft Milli Görüs (Nationale Sicht) hat sich zum Teil der DİTİB-Linie angepasst. Widerstand gegen diese Form der Politisierung der Diaspora kommt von alevitischen Gemeinden, die in Deutschland eine halbe Million Mitglieder verzeichnen, aber auch kein homogener Block sind. Der Verband islamischer Kulturzentren (VIKZ) gehört nicht zu den von Erdoğan vereinnahmten religiösen Strömungen, auch einzelne DITIB-Gemeinden stehen dem Präsidenten gelegentlich kritisch gegenüber. Zusammenfassend kann man sagen, dass die Diaspora bisher kein Hort der Opposition gegen Erdoğan war.

In eine ernste Krise stürzte das Regime die großenteils hausgemachte Wirtschaftskrise seit 2017/18. Türkische und ausländische Unternehmer hatten im transnationalen Geschäftsverkehr von der AKP-Regierung profitiert und verhielten sich überwiegend loyal; doch nun litten sie unter der »Eintrübung des Investitionsklimas«, wie massive Gewinneinbrüche und die rasante Inflation der Lira schöngeredet wurde. TÜSIAD, die Vereinigung türkischer Industrieller und Geschäftsleute, distanzierte sich von Erdoğan und kritisierte dessen undemokratische Haltung. Stärker ins Bewusstsein traten nun auch die verbreitete Vetternwirtschaft und Behinderungen ausländischer Unternehmen. Erdoğans Ansehen sank auch in der breiten Bevölkerung. Die Arbeitslosigkeit war in den letzten Jahren sprunghaft angestiegen; Sozialproteste etwa im völlig überbeanspruchten Baugewerbe waren die Folge. Wegen der beschleunigten Urbanisierung liegt die landwirtschaftliche Produktion am Boden. Im Winter 2018/19 wurden in den Städten Zwiebeln und Kartoffeln zum halben Marktpreis verkauft, die Regierung ließ Grundnahrungsmittel verteilen, um die Stimmung zu heben.

Die Quittung erhielt die AKP bei den Kommunalwahlen am 31. März 2019, die den Präsidenten in eine ungekannte

Nervosität und Hektik versetzten. Auf Kundgebungen im ganzen Land erhob er die lokalen Wahlen zu einer »Frage des Überlebens«, als ginge es um ihn persönlich. Die Mehrheit der städtischen Wähler sah das ironischerweise genauso – und versagte der AKP die Mehrheit in Ankara, Adana, Antalya, Mersin, vor allem aber in der Wirtschaftsmetropole Istanbul. Der anfangs aussichtslos scheinende CHP-Kandidat Ekrem İmamoğlu nahm dort dem von Erdoğan abgeordneten Ex-Premier Binali Yildirim den Sieg. Damit rächte sich Erdoğans altes Motto: Wer Istanbul hat, bekommt die ganze Türkei. Die Wahlbeteiligung von fast 90 Prozent unterstrich die Wechselstimmung. Die Opposition hatte sich, anders als 2018, zusammengetan: Iktidar, der Staatsmacht, stand nun eine vereinte Muhalefet (Opposition) gegenüber. Die bereits totgesagte, durch interne Querelen geschwächte CHP schmiedete eine Allianz mit der rechtsnationalen IYI-Partei. Die HDP verzichtete außerhalb des Kurdengebiets auf eigene Bürgermeisterkandidaten und konnte hoffen, in den von Ankara zwangsverwalteten Gebieten im Fall eines Sieges ihre alten Bürgermeister wiedereinzusetzen.

Die AKP konnte zwar landesweit eine 44-Prozent-Mehrheit vermelden, aber der Verlust des Bürgermeisteramtes in seiner Heimatstadt Istanbul, wo Erdoğans Aufstieg vom Oberbürgermeister zum »Sultan« begonnen hatte, wog besonders schwer. Das Netzwerk aus Günstlingen musste sich auf neues Aufsichtspersonal einstellen und Anklagen wegen der eklatanten Korruption und Klientelwirtschaft bei milliardenschweren Bauprojekten befürchten. Aus diesen Gründen erzwang Erdoğan die Wiederholung der Bürgermeisterwahl in Istanbul mitten in den Sommerferien, womit er endgültig seine Maske ablegte und das Risiko des totalen Gesichtsverlustes einging.

Die politische Landkarte der Türkei ist seit dem 25. Juni 2019 eine andere. İmamoğlu, der gerade bei jungen Wählern beliebt ist, kann künftig als Herausforderer Erdoğans auf Augenhöhe auftreten, und ob die nächsten Parlamentswahlen erst turnusmäßig 2023 abgehalten werden, ist zu bezweifeln. Eine Herausforderung für die Opposition ist die Spaltung des Landes in ländliche AKP-Regionen und städtische bzw. kurdische Landesteile. Präsident Erdoğan hat vor der Wahl Militäraktionen gegen kurdische Stellungen in der Türkei, in Syrien und im Irak angezettelt, um die nationalistischen Kräfte hinter sich zu vereinen; andererseits warb die AKP in Istanbul um die Stimmen der kurdischen Wähler, nachdem die Regierung das seit Juli 2011 geltende Besuchsverbot für den inhaftierten PKK-Führer Abdullah Öcalan aufgehoben hatte.

Bemerkenswert ist, dass auch Kräfte innerhalb der AKP, denen Erdoğans persönliches Regime und seine spalterischen Reden seit Langem missfallen, auf Distanz gegangen sind. Darunter sind Religiöse, denen Erdoğans unethische Geschäfte aufstoßen, und Kreise der Wirtschaft, die den wirtschaftlichen Abstieg aufhalten wollen. Nicht zuletzt trauten sich schon vor der Wahl Politiker, die von Erdoğan abserviert worden waren, in der Partei aber noch über Ansehen verfügen (wie der ehemalige Staatspräsident Abdullah

Gül und der bis 2016 amtierende Ministerpräsident Ahmet Davotutoğlu), aus der Deckung. Diese Stimmen fanden sich etwa in der Zeitung Karar mit Autoren aus dem AKP-Milieu wie dem ehemaligen AKP-Abgeordneten Mehmet Ocaktan, dem bis 2010 als Vorsitzender der Religionsbehörde amtierenden Ali Bardakoğlu sowie dem bis 2011 amtierenden Großmufti von Istanbul Mustafa Çağrici. Die Gründergeneration der AKP von 2001, die eher einen mit der CDU/CSU vergleichbaren Weg einer säkular konfessionellen Partei beschreiten wollte, ist nicht verschwunden. So wird Erdoğan womöglich auch das konservative Milieu gefährlich, neben einer trotz allem lebendig gebliebenen Zivilgesellschaft mit Vereinen und Verbänden, deren Zahl das türkische Innenministerium auf 100000 geschätzt hat. Darunter sind Faktenchecker wie Doğruluk Payi.org und Teyit.org, Monitoringgruppen wie Mecliste.org, kommunale Agenturen wie BeyondIstanbul.org.[37] Hier ist ein großes Betätigungsfeld für die Diasporaorganisationen und Unterstützer aus ganz Europa. Vor allem schwach ausgestattete Oppositionsgruppen in Anatolien und an der Schwarzmeerküste benötigen logistische und finanzielle Hilfen aus dem Ausland.

Recep Tayyib Erdoğan wird nicht untätig sein. Eine Gemeinsamkeit mit Wladimir Putin könnte darin bestehen, dass sich der türkische Präsident mangels innenpolitischer Erfolge und Optionen auf militärische Abenteuer einlässt, etwa in der Ägäis.[38] Die meisten EU-Regierungen hatten als Reaktion auf die Einführung des Präsidialsystems den EU-Beitritt endgültig ausgeschlossen und wollen die Verhandlungen offiziell stornieren. Ob sie Fortschritte bei der Zollunion und der Visumfreiheit einräumen, hängt bei ihnen weniger von der Lage der Menschen- und Bürgerrechte in der Türkei ab als von der geostrategischen Gesamtlage, die durch die Mega-Themen Flüchtlinge und Terror beherrscht ist.[39] Politisch interessierte Türken in der Diaspora werden die weitere Entwicklung in ihrem Heimatland beobachten und entscheiden, wie weit ein politisches Engagement gehen kann, ob eine Rückkehr infrage kommt oder das Exil auf Dauer gesetzt wird. Die Wiederherstellung der türkischen Demokratie dürfte ohne sie am Ende kaum gelingen. Welchen Einfluss die Diaspora haben kann, zeigt das Engagement der im Ausland lebenden Rumänen gegen ihr korruptes Regime, dem sie bei der EU-Wahl eine Absage erteilten.[40] Während die Institutionen der Europäischen Union nur begrenzt intervenieren, können Emigranten in der Abwehr autokratischer Tendenzen respektive in der Förderung demokratischer Bürgergesellschaften innerhalb der EU eine aktive Rolle übernehmen, was nun am Beispiel der »neuen Demokratien« in Ungarn und Polen gezeigt werden soll.

Polen und Ungarn: EUropa gegen die Autokratie

Der grobe Sammelbegriff »Ost(mittel)europa« schert eine ganze Region von Estland bis Moldawien mit diversen Sprachen, Geschichten, Lebensverhältnissen und Kulturen über einen Kamm, die nach der Öffnung des Eisernen Vorhangs und der EU-Osterweiterung 2004 mit Standardrezepten an das westliche Wirtschafts- und Demokratiemodell herangeführt werden sollte. Dafür gab es bekanntlich kein braves Dankeschön: Polen und Ungarn, anfangs Musterschüler der Transformation, gelten eher als Klassenrüpel, denen die EU nach langer Geduld die Rote Karte zeigen muss, während »Brüssel« (mit Berlin) in diesen Ländern zu einer Sowjetunion neuen Typs (»EUdSSR«) stilisiert wird.[41]

Diese Überreaktion wird im Westen kaum verstanden. Dabei ist das Beharren auf einer nationalstaatlichen Souveränität, die Deutschland und Russland im Fall Polens und der baltischen Staaten über Jahrhunderte hinweg infrage gestellt haben, gut nachvollziehbar. Insbesondere polnische und ungarische Akteure, ohne deren Anstöße durch Solidarność und die Grenzöffnung in Ungarn Europas Wiedervereinigung gar nicht stattgefunden hätte, fühlten sich in der »Transition« genannten Periode hochnäsig und ignorant behandelt. Als Zumutung empfunden wurde dann – ungeachtet eigener Flucht- und Exilerfahrungen und des zu erwartenden Eigenbedarfs an Arbeitsmigranten! – der Versuch, Staaten ohne Erfahrung mit außereuropäischer Einwanderung und kulturellem Pluralismus Flüchtlingskontingente aus Asien und Afrika zuzuteilen. Dagegen profilieren sich polnische und ungarische Offizielle wie die Sprecher historischer Antemurale-Staaten als Retter des christlich-abendländischen Europa gegen die Invasion »kulturfremder« Muslime.

Bei allem Respekt für die strukturellen Unterschiede

(und die mentale Distanz!) zwischen den Gesellschaften sollen Polen und Ungarn (und das informelle Visegrád-Bündnis mit der Tschechischen Republik und der Slowakei) in ihrer wachsenden Distanz zur Europäischen Union hier gemeinsam betrachtet werden. »Anti-Europäer« sind sie notabene nicht: Sie wollen ausdrücklich Teil des Kontinents und seiner Geschichte sein, auch Exit-Ideen finden keine Mehrheit (außer in der Tschechei), die Zustimmung zur EU ist in Polen und Ungarn anhaltend hoch. Auch sind sie keine »Anti-Europäer«, weil sie ein Konzept des »Europas der Vaterländer« vorziehen, das prominent nicht zuletzt der als großer Europäer geltende Charles de Gaulle verfochten hat und z.B. das britische Selbstverständnis mindestens so stark prägt wie das »kleiner Länder«, denen die Exekutivgewalt der EU, die unausgesprochene Hegemonie der Deutschen und die Achse Paris–Berlin zu dominant sind. Zum Problem wurde jedoch, dass dieses alternative Europa-Narrativ zunehmend autokratische Regierungen propagierten. In vielen ostmitteleuropäischen Ländern haben sich Hybride zwischen Demokratie und Diktatur gebildet, für die bisweilen schon der Begriff »Demokratur« verwendet wird. Demokratisch ist an ihnen, dass freie (wenn auch nicht mehr faire) Wahlen stattfinden und die regierenden Parteien mehrheitsdemokratisch legitimiert sind. Diktatorial sind hingegen das Gebaren der Staatsspitzen, die defekte Gewaltenteilung und die ausgiebige Strangulierung zivilgesellschaftlicher Aktivitäten und der Pressefreiheit. Dadurch gerät der demokratische Prozess mehr und mehr zur Fassade, hinter der sich privat-staatliche Netzwerke Privilegien und Pfründe aneignen und den Staat zur Beute machen.[42] Abweichende Ansichten und die kritische Wertung der sakrosankten Nationalgeschichte werden negativ sanktioniert und ethnische Minderheiten wie etwa die Roma schikaniert.

Die Europäische Union befindet sich also in einem Dilemma: Ein auf den Westen begrenztes Kerneuropa würde auf ein »neues Jalta« hinauslaufen, aber ebenso fatal wäre es, autokratische Sonderwege zu tolerieren, die die EU als Ganze in den Strudel ziehen könnten. Der Affront, den sich im Januar 2017 die Morgenluft witternde Euro-Rechte bei einem Treffen in Koblenz von Marine Le Pen (FN), Frauke Petry (AfD) und Geert Wilders (PVV) gegen Angela Merkel geleistet hatte, wurde im Osten Europas dupliziert, und das ethnozentrische Verständnis von Nationalstaat und Republik, Demokratie und Europa strahlte nach der Machtübernahme der Lega 2018 sogar auf EU-Gründungsstaaten wie Italien aus und prägte die 2017 gebildete und 2019 an einem »Skandalvideo« über Parteichef HC Strache zerbrochene Rechtsregierung in Österreich. Nun wurde ersichtlich, was der ungarische Premierminister Viktor Orbán im Juli 2017 in der ihm eigenen pompösen Art angedroht hatte: »Vor 20 Jahren dachten wir, Europa wäre unsere Zukunft. Heute haben wir das Gefühl, Europas Zukunft zu sein«.[43] Lega-Chef und Vizepremier Matteo Salvini toastete nach einem Besuch bei Jarosław Kaczyński in Warschau, Polen und Italien würden auf katholischer Grundlage »Teil eines neuen europäischen Frühlings ..., der Renaissance europäischer Werte«.[44] Fidesz, PiS und Lega konstatieren eine Zweiteilung Europas nicht länger zwischen Linken und Rechten oder zwischen Ost und West, sondern – über die Migrationsfrage – zwischen Befürwortern eines christlichen und eines multikulturellen Europa.[45] Da der Migrationsdruck aus Afrika und Asien absehbar nicht nachlassen wird, setzen sie an dieser Front die Entscheidungsschlacht an. Der Plan könnte aufgehen: Die rigorose Abwehr von Flüchtlingen ist in ganz Europa populär, damit werden allerorts Wahlen gewonnen. Nach der Schließung der Landroute soll der Migration aus Afrika und Asien mit der Absperrung der Mittelmeerroute endgültig ein Riegel vorgeschoben werden.

Orbán sieht keinen Widerspruch in der Annahme von EU-Mitteln für Ungarn, dem höchsten Nettonutznießer pro Kopf.[46] Auf der Agenda der Rechten stehen keine weiteren Exits, sondern die nationalistisch-religiöse Umtaufe oder Neugründung Europas. In Polen ist häufig zu hören, der Europagedanke in seiner aktuellen westeuropäischen Fassung sei »zu subjektivistisch«, setze zu stark auf das Individuum; er stelle Gott infrage, fördere sexuelle Libertinage und Perversion und sei materialistisch allein am Konsum interessiert. Gläubige Europäer sollen wie Evangelisten ausschwärmen gegen eine in der Tendenz totalitäre, identitätsvernichtende Supranationalität.

Die autoritäre Innenpolitik Polens und Ungarns kann hier nur knapp rekapituliert werden.[47] Beide Länder, Ungarn als

Schrittmacher, haben um 2005 den Weg in autoritäre Verhältnisse in Gesellschaft, Kultur und Politik eingeschlagen und fallen in den Freiheits- und Demokratierankings seit der Jahrtausendwende ab. Das liegt an der wachsenden Machtfülle der Exekutiven, der Ausschaltung unabhängiger Richter[48], der gravierenden Beschneidung von Bürgerfreiheiten und massiven Pressionen auf Kultur, Wissenschaft und Presse. Erklärtes Ziel ist, wie Orbán mehrfach ausgeführt hat, eine »illiberale Demokratie«, eigentlich ein Widerspruch in sich, verneint dieses Oxymoron doch das liberale Kernstück der westlichen Demokratie und ruft zum Kampf an zwei Fronten auf: gegen die unzulängliche »dekomunizacji« (Entkommunisierung)[49] und die Übermacht ausländischen Kapitals. Osteuropas Volkswirtschaften waren (mit Ausnahme Polens) von der Finanzkrise 2008 schwer getroffen, die seit 1990 aufgerissene Kluft zwischen Neureichen und Transformationsverlierern vergrößerte sich. Auch wenn das (neo)liberale Wirtschaftsmodell prinzipiell nicht infrage steht, wurden Unternehmen renationalisiert[50] und kompensatorisch Sozialleistungen verteilt. Mit dem Exorzismus des »universalistischen« Kommunismus und der Eindämmung des »globalen« Kapitalismus soll der Systemwechsel vollendet werden und die Opfergeschichte der Nationen zu Ende gehen, wobei im Fall Ungarns Spannungen mit den Nachbarn (mit der Ukraine wie mit den »Trianon-[Nachfolge]Staaten«, in denen seit der Verkleinerung des ungarischen Territoriums nach dem Ersten Weltkrieg über zwei Millionen Auslandsungarn leben) hingenommen werden. Dieser Blick zurück in die Zukunft prägt auch die Geschichts-, Bildungs- und Kulturpolitik, die in Ungarn an das Horthy-Regime, in Polen an die Piłsudski-Ära anschließt, deren autoritäre, zum Teil auch antisemitische Züge den Regierenden offenbar keine Probleme bereiten.

Differenzen innerhalb der Visegrád-Gruppe treten am deutlichsten in der Außen- und Sicherheitspolitik zutage. Schien es 1990 keine bessere Lebensversicherung gegen befürchtete russische Übergriffe zu geben als die Mitgliedschaft in NATO und EU, blicken namentlich die ungarische genau wie die tschechische Regierung heute freundlich gen Osten. Orbán ist der erste Regierungschef eines EU/NATO-Landes, der offen mit Russland sympathisiert. Während ihn Putins erkennbares Ziel der Destabilisierung der EU nicht zu stören scheint und er (wie tschechische und bulgarische Politiker) auf Kooperation in der Energiepolitik setzt, sind die Vorbehalte in Polen (wie in den baltischen Staaten) stark geblieben, wobei auch hier eine kleine prorussische Fraktion den historischen Gegensatz zur Ukraine höher bewertet als den zu Russland.[51] Im August 2016 wurde auf Geheiß Polens und Kroatiens die »Drei-Meere-Initiative« ins Leben gerufen, eine bislang provisorische Initiative zur mitteleuropäischen Zusammenarbeit in diversen Politikfeldern, die zehn weitere Länder im Dreieck zwischen Ostsee, Adria und Schwarzem Meer einbezieht – das sind immerhin 28 % der Fläche und 22 % der Bewohner der EU.[52]

Die Frage ist, ob und wie die demokratische Opposition in beiden Ländern von außen, durch Bürger wie durch Institutionen der Europäischen Union, unterstützt werden kann. In herkömmlicher Betrachtung wären das »Einmischungen in innere Angelegenheiten«, in der Sichtweise einer europäischen Gesellschaft handelt es sich bei Verstößen gegen demokratische und rechtsstaatliche Normen jedoch um *innere* Angelegenheiten. Lokale Vorkommnisse wie die Zensur eines Budapester Theaters, die Bestechlichkeit von Beamten in Warschau oder die Absetzung eines Richters da und dort sind dann ebenso problematisch wie analog denkbare Vorgänge in Cottbus oder Regensburg. Die Herausforderung besteht darin, eine Brücke zwischen den jeweiligen Zivilgesellschaften zu bauen und autoritäre Binnenverhältnisse in der EU effektiv zu bestrafen. Wo für Diplomaten noch das Nichteinmischungsgebot gilt, ist für Bürger- und Menschenrechtsaktivisten der Ruf nach einem Machtwechsel in Warschau und Budapest legitim.

Viktor Orbáns Auftreten wird bisweilen mit dem Titelhelden von Alfred Jarrys Farce »König Ubu« (1896) verglichen, einem gefräßigen und machtgierigen (polnischen) König. Orbáns ganz auf ihn zugeschnittene Fidesz-Partei, einmal als hoffnungsvolle Jungdemokraten gestartet, hat im April 2018 in einer Listenverbindung mit der christdemokratischen KDNP 49,27 Prozent der Stimmen errungen und konnte sich dank des speziellen ungarischen Wahlsystems eine Zweidrittelmehrheit im Parlament sichern, womöglich nicht ohne Wahlbetrug.[53] Der Premier wurde so schon zum zweiten Mal glänzend bestätigt. Gutgeschrieben wurden ihm die Sanierung der Staatsfinanzen, Vollbeschäftigung, die Verstaatlichung der privaten Rentenvorsorge und die Erhöhung der Realeinkommen der neuen Mittelschicht. Auch dass seine Regierung im Blick auf die Überalterung und die starke Abwanderung ungarischer Mehrkinderfamilien fördert und die Möglichkeit legaler Abtreibung einschränken will, machte ihn populär – Magyarország először (Ungarn zuerst).

Welcher Spielraum bleibt da für Opposition, Protest und Widerstand? Die Oppositionsparteien konnten 2018 nicht einmal von der Anklage der kaum zu übersehenden, übrigens auch nicht verheimlichten Bestechungsskandale profitieren. Die Sozialisten, selbst schwer durch Korruptionsfälle in ihrer Regierungszeit kompromittiert, kamen mit der grünen Abspaltung »Dialog« auf knapp zwölf Prozent, die grün-liberale DMP auf sieben Prozent, die »Demokratische Koalition« unter dem ehemaligen Ministerpräsidenten Ferenc Gyurcsány blieb genau wie die linksliberale Együtt-Partei, die »Momentum«-Bewegung und die Spaß-»Partei des Zweischwänzigen Hundes« bedeutungslos.[54] Die stärkste Opposition ging damals von Jobbik (»Die Besseren«) aus. Die Partei hatte ihr rechtsradikales Image ein Stück abgelegt und steuerte ins politische Zentrum, seit Orbán ihre Feinderklärung an Juden, Muslime und die EU ungeschminkt übernommen hatte. Unter Einschluss von Jobbik einen Oppositionspakt zu schmieden, erwies sich als schwierig.[55] Der Überraschungserfolg Péter Márky-Zays, des von allen Oppositionsparteien getragenen Bürgermeisterkandidaten bei Nachwahlen in der Fidesz-Hochburg Hódmezővásárhely, hatte keine Signalwirkung auf den Rest des Landes.

Dass in Ungarn das Hybridregime der »Demokratur« am weitesten gediehen sei, kontert Fidesz stets damit, dass es in Ungarn weder Dissidenten noch politische Gefangene gebe, man Widerspruch offen zeigen könne und seit der Machtübernahme der Fidesz wiederholt und massenhaft demonstriert wurde. In der Tat haben Zigtausende unter dem Slogan #aCEUvalvagyok (Ich stehe zur CEU) ihre Solidarität für die Central European University bekundet, die Orbán mit einer unerhörten, an die Dreyfus-Affäre in Frankreich um 1900 erinnernden Kampagne gegen deren jüdischen Sponsor George Soros attackierte und mit der Teilverlegung nach Wien zerstören könnte. Dem folgten weitere haarsträubende Eingriffe in die Presse-, Kunst- und Wissenschaftsfreiheit, vor allem gegen die Ungarische Akademie der Wissenschaften, deren geistes- und sozialwissenschaftliche Abteilungen einem krassen Nützlichkeitsdenken unterworfen wurden[56]. An ihre Stelle sollen opulent ausgestattete pseudowissenschaftliche Einrichtungen wie das revisionistische Veritas Institut für Geschichtsforschung und ein Institut für die Erforschung des Magyarentums treten. Geistige Autonomie wird nicht ganz unterdrückt, aber aufs Abstellgleis befördert.

Andere Proteste waren brisanter. Die Demonstranten, die im November/Dezember 2018 gegen die Verlängerung der Arbeitszeiten protestierten, meinte Orbán noch verhöhnen zu können. Doch dieser Protest nahm eine neue Qualität an, da nun nicht das städtische liberale Bürgertum und Intellektuelle, sondern in großer Zahl gewerkschaftlich organisierte Arbeiter gemeinsam mit Studierenden auf die Straße gingen. Der angestrebte Generalstreik kam zwar nicht zustande, aber ein Streik im Audi-Werk Győr hatte Erfolg und deckte eine ideologische Diskrepanz auf. Während Fidesz den kleinen Leuten nämlich versprochen hatte, sie vor der Globalisierung (für sie wieder inkarniert in einem Finanzkapitalisten wie Soros) zu schützen, setzte seine Regierung nun die Arbeitnehmer sogenannten »Sklavengesetzen« aus, die nicht zuletzt im Interesse der deutschen Autounternehmen VW, Audi, BMW und demnächst Mercedes sind, die angesichts des Mangels an Arbeitskräften Überstunden verlangen.[57] Da hatte das »globale Kapital« zugeschlagen, aber als die Ingolstädter Audi-Zentrale mangels Nachschub aus der verlängerten Werkbank in Győr stillstand, musste das Management erhebliche Lohnerhöhungen bewilligen. Die bis dahin passiven Gewerkschaften waren aufgewacht und forderten Löhne wenigstens in der Höhe, wie sie in der Slowakei bezahlt werden. Neu war hier, dass sich sozialer Protest mit dem Widerstand gegen die Behinderung der Meinungs- und Wissenschaftsfreiheit und die Besetzung der Gerichte mit Fidesz-Günstlingen verband. So könnte eine Traversale zwischen Mittel- und Unterschicht entstehen, wobei die noch unter der Armutsgrenze lebenden Ungarn allerdings außen vor blieben.

Orban scheint weiter so fest im Sattel zu sitzen, dass

sich kaum ein Gesprächspartner in Ungarn etwas anderes als sein Regime vorstellen kann. So frech war nur der Organisator der Studentenproteste Viktor Mak, der mit seinen 23 Lebensjahren nichts anderes erlebt hat als Orbans Regiment und sich eine Alternative vorstellen *muss:* Nach Orbán kommen wir! Er denkt dabei weniger an das Parlament, auch wenn die Opposition gegen die Verabschiedung der Arbeitszeitgesetze und die Einsetzung einer dem Regime ergebenen Verwaltungsgerichtsbarkeit ungewöhnlich renitent wurde und sogar erwog, die Gesetzgebung ganz zu boykottieren. Maks Generation denkt an Netzwerke von unten, die im Winter 2018/19 einen Slogan, einen Hashtag und ein Logo fanden: O1G – eine kaum zitierfähige Abkürzung von »Orbán egy geci«, was gelinde übersetzt »Orban ist ein Rotz« heißt. In der Hauptstadt wie in der Provinz haben junge Leute aus der Studentengewerkschaft und der Kampagnenorganisation aHang Gemeinschaftsnetzwerke geschaffen, die in mühseliger Kleinarbeit mit Petitionen nach dem Vorbild von Campact und Avaaz.org lokale Entscheidungsträger unter Druck setzen, dass sie beispielsweise eine marode Frauenklinik in einem Dorf renovieren.

Zwischen diesen Netzwerken und etablierten Oppositionsparteien vermittelt Mérce (Deutsch: Standard) ein leserfinanziertes Nachrichtenportal. Als ich Csaba Tibor Tóth, ein Mitglied der Redaktion, um eine Mindmap der ungarischen Opposition bat, setzte er Mérce ohne Zögern ins Zentrum. Und trotz der neulinken Ausrichtung der meisten Redakteure bauen sie eine Brücke zur Sozialistischen Partei und der mittleren Generation der 89er, die sich unter der Wucht der Fidesz-Maschine entpolitisiert hatten. Plattformen wie diese wenden sich wieder den Alltagssorgen der Ungarn zu; sie prangern schlechte Lernbedingungen an Schulen und Universitäten an, den miserablen Zustand der Wohnheime und die hohen Lebenshaltungskosten in Budapest. Die Frage ist genau wie andernorts, ob und wie man diesen (aus guten Gründen!) illusionslosen Jungen klassisch-liberale Europäizität vermitteln kann, da sie EU-Europa eher als eine neoliberale reformunfähige Agentur des Kapitals ansehen, nicht als Bündnispartner.

Wahlen sind die andere Waffe der Opposition – und sie sind bei der Europawahl etwas schärfer geworden als im Jahr zuvor. Doch auch wenn die Fidesz-Partei die Wahl mit 52,3 % klar für sich entschied, war Orbán unzufrieden. Er hatte die Zweidrittelmehrheit angestrebt und sah deshalb ungern, dass sich die Demokratische Koalition des Ex-Premiers Gyurcsány auf 16,2 % steigerte, die neue liberale Partei Momentum auf knapp 10 % kam und die MSZP-Grünen auf 6,7 %. Mehr Freude bereitete ihm, dass rechtsaußen Jobbik regelrecht abstürzte und sich den Weg in die Respektabilität wohl überlegen wird. Die vollmundig vorgetragenen Pläne einer Rechtsverschiebung der EU haben einen Dämpfer bekommen, da die Visegrád-Staaten sich uneinheitlich entwickeln: In der Slowakei erreichte die Partei der liberalen Umweltaktivistin und Präsidentin Zuzana Čaputová über 20 % der Stimmen, die Koalition des tschechischen Ministerpräsidenten Andrej Babiš ist durch die Niederlage seines sozialdemokratischen Partners und schwere Korruptionsvorwürfe gegen ihn selbst bedroht, und noch durchschlagender waren die Erfolge der Anti-Korruptions-Bewegung in Rumänien. Die nur dem Namen nach sozialdemokratische Regierungspartei erlitt eine krachende Niederlage, ihr Parteichef Liviu Dragnea muss wegen Amtsmissbrauchs dreieinhalb Jahre ins Gefängnis, und ein Referendum erteilte den »Justizreformen« der Regierung eine Absage.

In Ungarn stehen im Herbst 2019 Kommunalwahlen an. Die Opposition hat von der Wählermobilisierung bei den Europawahlen überproportional profitiert, Fidesz kam nur in 7 von 23 Städten über 50 % und sank in der Hauptstadt auf 41 % ab.[58] Käme der Bürgermeister von Budapest künftig aus der Opposition, wäre Orbán so empfindlich getroffen wie Erdoğan mit seiner Schlappe in Istanbul. Und genau wie dieser wollte der ungarische Ministerpräsident dem mit der »aufsteigenden Bahn« vorbeugen, wie er ein Programm zur Familien- und Geburtenförderung taufte. Verheiratete Paare erhalten vergünstigte Kredite, die der Staat ab dem zweiten Kind teilweise und ab dem dritten Kind ganz übernimmt. Besonders auf dem »aussterbenden« Land soll der Wohnungsbau gefördert werden. Die Attraktivität solcher Maßnahmen hat sich in Polen erwiesen und darf nicht unterschätzt werden. Apropos aussterben: Die schmerzhafte Erfahrung Ungarns ist, dass sich jährlich wieder Tausende junger, gut ausgebildeter Ungarinnen und Ungarn in ein (selten nur temporäres) Exil im Westen aufmachen. Damit kündigen sie dem Fidesz-Regime ihre Loyalität auf und wählen die Exit-Option.[59] Offen ist, ob mit dieser Kohorte im Ausland eine neue Opposition heranwächst oder ob es Orbán gelingt, nach dem Muster kommunistischer Diktaturen unangenehme Kritik außer Landes zu lenken.

Die europapolitische Ironie der Bilanz Orbáns beschrieb ein desillusionierter Autor unter dem Pseudonym »Beda Magyar«: »Im Namen der Nichteinmischung in die inneren Angelegenheiten eines souveränen Staates pumpt die EU-Bürokratie Geld in das Land und sichert damit die Herrschaft eines politischen Führers, der den Kontakt zur Realität verloren hat. Sie lässt damit zu, dass er Ungarn mitsamt allem künstlerischen, literarischen und wissenschaftlichen Leben zerstört, auch indem sie die Grenzen für alle, die aus dem Land vertrieben werden, offen hält. Mit dem Ergebnis, dass der Kalte Krieg zurück ist, nur diesmal in Form eines kalten Bürgerkrieges, der das Land seit 2002 in zwei immer unversöhnlichere Teile reißt. Die treibende Kraft dahinter ist der politische Konservatismus in Form einer Tugendhysterie.«[60]

2019/20 soll auch ein Entscheidungsjahr für die demokratische Opposition in Polen werden, die in drei Wahlen die Chance hat, die autokratisch regierende Partei »Recht und Gerechtigkeit« abzulösen und auf dem Demokratieindex wieder nach oben zu klettern. »Jeszcze Polska nie zginęła« (Noch ist Polen nicht verloren), dieser Auftakt der Nationalhymne aus der napoleonischen Zeit begleitet wie ein Grundrauschen eine Nation, die wegen übermächtiger

Nachbarn über Jahrzehnte ohne staatliche Form überdauern musste. Die mit Gründung der Republik 1918 gewonnene Souveränität ging schon zwei Jahrzehnte später mit der deutschen, dann sowjetischen Besatzung wieder verloren. Auch hier bemüht sich die Rechte, die Zeit zurückzudrehen und einen politischen Nullpunkt zu konstruieren. 1990 war Polen, das dem Kommunismus mit am stärksten widerstanden hatte, frei, und dieses Mal sollte es für immer sein. Dass 15 Jahre später die nationalkonservative Partei Recht und Gerechtigkeit PiS (Prawo i Sprawiedliwość) an die Macht kam, lag nicht zuletzt daran, dass die Kaczynski-Zwillinge, wiewohl selbst führend in der Solidarność und am legendären runden Tisch beteiligt, diesen Befreiungsakt als unvollendet ausgaben und antraten, den »guten Wandel« zu vollenden: mit einer immer wieder vorgebrachten Kritik an der Europäischen Union, der Wiedereinsetzung Deutschlands als Feind und der Hypostasierung einer christlichen Volksgemeinschaft zur europäischen Leitkultur.

Mit diesem weltanschaulichen Programm, aber auch mit sozialpolitischer Umverteilung nach unten gewann PiS zunächst in einer Koalition (2005–2007), dann ab 2015 in Alleinregierung die Mehrheit, überzeugte aber bei Weitem nicht alle Polen und provozierte mit eklatanten Verstößen gegen die Rechtsstaatlichkeit und Gewaltenteilung, mit der Beschneidung der Bürgerfreiheiten und der Autonomie der Bürgergesellschaft außerparlamentarischen Protest[61]. Die scharfe Frontstellung gegen die ausgerechnet vom eigenen Landsmann und früheren Premier Donald Tusk verkörperten EU-Institutionen ging vielen zu weit. Einen direkten oder indirekten Polexit wollten die wenigsten, als die EU diverse Verfahren gegen Polen anstrengte.

Die Opposition in Polen ist robuster und hat mehr Ressourcen als in Ungarn. Anzeichen des Machtverlustes der PiS war der Ausgang der Kommunalwahlen im Oktober/ November 2018, bei denen sie zwar stärkste Partei blieb und im Osten das Landes noch hinzugewann, in Städten über 50000 Einwohnern aber viele, in Großstädten alle Stadtpräsidenten (Bürgermeister) verlor. Der (von einem geistig Verwirrten ausgeführte, aber mit politischen Parolen begründete) Mordanschlag auf den parteilosen, überaus populären Bürgermeister von Gdańsk Paweł Adamowicz verringerte nicht die Polarisierung in Polen, das man wie Stämme als »Polska A« und »Polska B« einteilt. Aber sie bahnte Robert Biedroń, dem ehemaligen Bürgermeister der nordwestpolnischen Mittelstadt Słupsk, einen (steinigen) dritten Weg. Im Februar 2019 hob er seine Partei Wiosna (Frühling) aus der Taufe, die sich wie viele Neugründungen im europäischen Parteiensystem weder rechts noch links ansiedelt, aber »progressiv« einstuft und grüne Akzente setzen will. Sie kämpft für die Rechte der Frauen und eine liberale Abtreibungsregelung, verlangt die Wiedereinsetzung unabhängiger Gerichte, ein besseres Gesundheitswesen und die Gleichstellung von Behinderten und sexuellen Minderheiten (Biedroń bekennt sich offen zu seiner Homosexualität). Mit dem Ausbau des öffentlichen Nahverkehrs, der Verbesserung der Luftqualität und dem Kohleausstieg (in Polen ein Tabu) will er bis 2035 eine ökologische Wende erreichen. Sozialpolitisch tritt Wiosna für die Grundrente, die Erhöhung des Mindestlohnes, höhere Löhne für Lehrer und eine Erhöhung des Kindergeldes ein. Das greift Maßnahmen der PiS zur Besserstellung der Familien – allerdings nicht allein in ihrer klassischen patriarchalen Konstellation – auf, postuliert die Zentralität der ökologischen Frage und übernimmt liberale Forderungen der Bürgerplattform PO.

Die Rolle der polnischen Frauen kann kaum überschätzt werden. Seit 2016 demonstrieren Zehntausende meist schwarz gekleidete Polinnen gegen die Pläne der Regierung, die Abtreibung faktisch zu verbieten. Dieser Straßenprotest der »schwarzen Frauen« sprang auf andere Felder über und akzentuierte den »Gendergap« bei Wahlen. Aber es fehlt die Machtoption im Sejm und für die Präsidentschaft. PiS saß nie so fest im Sattel wie Fidesz, zugutegekommen war ihr aber die Schwäche und Uneinigkeit der Oppositionsparteien, verstärkt durch die Kluft zwischen den politischen Generationen, die auch medial getrennte Welten sind. Der Institutionenzertrümmerung oben entsprach die Informalität unten. Die feministische Soziologin Elżbieta Korolczuk, die in Akcja Democracja, einem außerparlamentarischen Bündnis, engagiert war, wollte als Angehörige der mittleren Generation die Brücke bauen zwischen Straßenprotest und Parlamentsestablishment, denn: »No-Logo-Proteste allein bringen die Wachablösung nicht.«

Vor allem fehlten der Opposition eigene sozialpolitische Akzente. Die Rechte hatte sich beliebt gemacht mit der Senkung des Pensionsalters, dem Kindergeld 500plus und der Erhöhung des Mindestlohns, womit sie die neoliberale Politik der Transformationsperiode konterkarierte, die auf Austerität, Eigenverantwortung und Entstaatlichung gesetzt hatte. Doch die partielle Wiedereinsetzung des Wohlfahrtsstaats hatte ihren Preis: den gewollten Ausschluss von alleinerziehenden Frauen und Migranten aus der Solidargemeinschaft, und sie war auf die ältere Generation und Bevölkerungsmehrheit zugeschnitten. Für die oft in prekären Arbeitsverhältnissen tätige Generation Y ist höchstens die Anhebung der Stundenlöhne attraktiv, weitergehende Erwartungen an eine bessere Infrastruktur, einen ökologischen Lebensstil, eine Verbesserung der Umweltqualität und nicht zuletzt bezahlbaren Wohnraum blieben unerfüllt. Ein Symbol dafür waren die Proteste von Naturschützern gegen die Abholzungen im Urwald von Białowieża, die eine Anweisung des Europäischen Gerichtshofs vom November 2017 mit der Androhung einer Strafzahlung von 100 000 Euro pro Tag an die Europäische Kommission beflügelten. Nichtregierungsorganisationen setzten sich, unterstützt von Gewerkschaften, für schlecht bezahlte Berufszweige wie die Ärzteschaft, das Pflegepersonal und die Lehrerschaft ein. Schließlich gingen auch konservative Kreise und Angehörige des Klerus auf Distanz zu den radikalen Kräften im PiS, die sich im November 2018 in den von der radikalen Rechten unter dem Motto »Gott, Ehre,

Vaterland« organisierten Erinnerungsmarsch an die Ausrufung der Republik im Jahr 1918 eingereiht hatten – einen solchen Schulterschluss mit offen faschistischen Kreisen hatte es noch nicht gegeben. Als die katholische Kirche 2019 in den Verdacht massiver sexueller Übergriffe durch Geistliche geriet – was die Spatzen seit Langem von den Dächern gepfiffen hatten –, erschütterte das einen Eckpfeiler der Herrschaftsarchitektur der PiS.[62] Besonders unappetitlich ist dabei, dass die Staatssicherheit in der kommunistischen Zeit pädophile und homosexuelle Priester erpresst hatte, Informationen über Solidarność zu geben, Missbrauch und Verrat für die Kirche also eine doppelte Hypothek darstellen. Diese Erkenntnisse dürften den unter jüngeren Polinnen und Polen erkennbaren Säkularisierungsprozess noch beschleunigen – aufgeklärte »irische Verhältnisse« werden befürchtet bzw. erhofft.

Bei der Europawahl im Mai 2019 hat sich dies noch nicht ausgewirkt. Erwartet wurde ein deutliches Plus bei jungen und weiblichen Wählerinnen im städtischen Milieu, aber Polen blieb nach Generationen und Regionen politisch gespalten. PiS konnte seinen Stimmenanteil noch auf 45,4 % erhöhen, während die von der PO gebildete Europäische Koalition mit Moderne (Nowoczesna) und der Polnischen Bauernpartei (Polskie Stronnictwo Ludowe) und der Demokratischen Linksallianz (Sojusz Lewicy Demokratycznej) unter dem wenig zugkräftigen Spitzenkandidaten Grzegorz Schetyna bei (dennoch beachtlichen) 38,5 % blieb und Wiosna mit nur 6 % einen erheblichen Dämpfer für ihren

Alleingang bekam. Es wurden Befürchtungen laut, dass die junge Partei den Weg von Vorläufern wie Razem, Nowoczesna und Twój Ruch in die Bedeutungslosigkeit gehen könnte. Doch hat eine wirklich breite Koalition gegen PiS nach wie vor eine Chance, die PiS abzulösen, der Korruption, unverhältnismäßige Gehälter von Staatsbediensteten und Bauskandale bis hinauf zum Staats- und Ministerpräsidenten angelastet werden.

Die Opposition in Polen und Ungarn fragte sich, was nicht nur die Bürger, sondern auch die Institutionen der Europäischen Union zur ihrer Unterstützung beitragen können. Denn diese *müssen* reagieren, will die EU ihre in Artikel 2 niedergelegte Wertegrundlage, nämlich »die Achtung der Menschenwürde, Freiheit, Demokratie, Gleichheit, Rechtsstaatlichkeit und die Wahrung der Menschenrechte einschließlich der Rechte der Personen, die Minderheiten angehören« nicht verraten. Denn es heißt weiter: »Diese Werte sind allen Mitgliedstaaten in einer Gesellschaft gemeinsam, die sich durch Pluralismus, Nichtdiskriminierung, Toleranz, Gerechtigkeit, Solidarität und die Gleichheit von Frauen und Männern auszeichnet.« Was an diesem Katalog (und an entsprechenden Artikeln nationaler Verfassungen) totalitär sein soll, wie in Polen (genau wie in postkolonialen Kreisen) behauptet wird, bleibt schleierhaft, ebenso, inwiefern ein Katalog, der Pluralität und Differenz ausdrücklich bestätigt, nationale und regionale Wirgefühle bedrohen soll. Die Kritiker müssten nach dieser Logik auch aus der

UN-Menschenrechtskonvention und aus europäischen Abkommen aussteigen, auf welche die antikommunistische Opposition in Ostmitteleuropa sich in der Vergangenheit bezogen hat. Einen Ansatz dazu bot bereits der von der türkis-blauen Regierungskoalition Österreichs orchestrierte Widerstand gegen den UN-Migrationspakt.[63] Fünf Stimmen gegen den im Dezember 2018 verabschiedeten Global Compact for Safe, Orderly and Regular Migration (GCM) kamen aus Israel, Polen, der Tschechischen Republik, Ungarn und den Vereinigten Staaten (Österreich selbst, damals EU-Ratspräsident, enthielt sich). Bei der Liquidation der solidarischen Flüchtlingspolitik können sich westliche Konservative gut hinter den osteuropäischen Vorkämpfern verstecken. Dieses Verhalten nannte man einmal: Opportunismus, und daraus wurde: Kollaboration.

Das Dilemma der Europäischen Union ist, dass autoritäre Regime zum einen auf ihre demokratische Legitimation verweisen können und zum anderen die für Sanktionen notwendige Einstimmigkeit verhindern, indem sie sich gegenseitig stützen. So war es im Falle des im September 2018 wegen Verstößen gegen die Rechtsstaatlichkeit eingeleiteten Verfahrens gemäß Art. 7,1 des EU-Vertrags gegen Ungarn – Polen, Tschechien und Bulgarien eilten dem bedrängten Nachbarn im Europäischen Rat zu Hilfe. Die »klare Kante« seitens der EU stärkt womöglich den inneren Schulterschluss in den betroffenen Ländern und schwächt eventuell die heimische Opposition; einige befürworten drakonische Maßnahmen, andere raten eher davon ab. Erleichtert würden EU-Verfahren, wenn sie keine »lex Polonia« oder »lex Hungaria« darstellen; es liegen Vorschläge auf dem Tisch, etwa mit dem »Kopenhagen-Mechanismus«[64] ein breiteres, neutraleres Monitoring einzurichten, das Vertragsverletzungen nicht nur einzelner Staaten anprangert, sondern alle EU-Länder unter Beobachtung stellt.[65] Klagen am Europäischen Gerichtshof und Vertragsverletzungsverfahren nach Art. 7 EU-Vertrag lassen die betroffenen Länder jedenfalls nicht ganz kalt, und auch unterhalb dieser Schwelle könnten die Europäer mehr tun als bisher. Das von »Bela Magyar« herausgestrichene Hauptproblem bleibt allerdings, dass die EU selbst die autokratischen Regime institutionell und finanziell stützt, die sie sanktionieren will (und muss). Bei der Ausstattung der Struktur- und Regionalfonds in den EU-Haushaltsverhandlungen muss das künftig berücksichtigt werden – Solidarität darf keine Einbahnstraße sein.

Manche Kritik an der EU aus Polen ist übrigens berechtigt. Wie stark oft Geschäfts- vor Sicherheitsinteressen stehen, zeigte der problematische Nord-Stream-Deal mit dem russischen Erdgasunternehmen Gazprom, den der deutsche Wirtschaftsminister Peter Altmeier als »privates Geschäft« retten wollte, bis endlich auch Frankreich den Deal infrage stellte.[66] Die privilegierte Energiepartnerschaft zwischen Deutschland und Russland, orchestriert vom früheren SPD-Kanzler Gerhard Schröder und einer wie immer »realistischen« Bundeskanzlerin Merkel, geht vor allem auf Kosten der Ukraine – und treibt Polen in die Arme der

Vereinigten Staaten, die an der Stationierung von Truppen und Raketen auf polnischem Boden interessiert sind und Nord Stream auch bekämpfen, um eigenes Gas absetzen zu können. Berlin und Brüssel haben dieses indirekte Zusammenwirken zwischen Trump und Putin auf Kosten der EU hingenommen, diese hat reagiert, indem sie ihre Regeln nunmehr auch auf Nord Stream anwendet.

Dass Opportunismus sich nicht auszahlt, belegt auch die nach langem Hin und Her erfolgte Absage Orbáns an den EVP-Spitzenkandidaten Manfred Weber, der Fidesz trotz offensichtlicher Verstöße gegen den christdemokratischen Konsens als »suspendiertes« Mitglied eine Bedenkzeit geben wollte (und seinerseits das »Christliche« an Europa zu wenig gewürdigt fand). Das Gleiche galt übrigens für Linke und Liberale, die mit den »Schmuddelkindern« in ihren Parlamentsfraktionen, vor allem aus Rumänien, ebenso nachlässig verfahren waren.

Die radikale Rechte wollte nach der EU-Parlamentswahl in einer »Europäischen Allianz der Völker und Nationen« (EAPN) bis zu 200 EU-Abgeordnete sammeln, dabei auch kleinere Parteien wie die Demokratische Union der Ungarn in Rumänien (RMDSZ) oder die Slowenische Demokratische Partei (SDS) aus der EVP und die PiS aus der durch den Brexit dezimierten konservativen Fraktion ECR herauslösen. Potenzielle Mitglieder dieser Allianz wie Le Pens Rassemblement National (RN) und Italiens Lega, auch der belgische Vlaams Belang und die österreichische FPÖ wittern Morgenluft. Die AfD spielt in der Euro-Rechten nur die zweite Geige. Doch jenseits der wohlfeilen Anti-Migrations-Rhetorik sind die Interessen der nationalistischen Rechten schwer vereinbar: Eine Aufteilung von Flüchtlingen innerhalb Europas, die Salvini verlangt, lehnen Rechte im Osten und Norden ab, seine freundschaftlichen Beziehungen zu Russland stoßen in Warschau auf Missbilligung. Und erst recht ans Eingemachte geht es, wenn Rechte in Nettozahlerländern (Deutschland, Niederlande, Dänemark, Schweden) den EU-Kohäsionsfonds kassieren wollen, während ihn Rechte in allen östlichen Empfängerländern ausweiten und eine Transferunion schaffen wollen.

So uneinheitlich war auch das Ergebnis der EU-Wahl. In vielen Ländern brach die Sozialdemokratie völlig ein, in Südeuropa konnte sie sich teilweise reanimieren. Der seit Langem vorhandene Trend des Abschmelzens der rechten und linken Mitte beschleunigt sich fast überall. In Deutschland, Irland, Belgien und Österreich, sogar in Großbritannien boomten die Grünen, in Schweden verloren sie, andernorts stellen sie keine Abgeordneten. Macrons »Renaissance« stärkte die Liberalen. Fest steht nur: Die informelle Koalition der beiden Großgruppen EVP und S&D ist rechnerisch nicht länger möglich. Aber jenseits der Wahlarithmetik und der Besetzung der EU-Führungspositionen u.a. mit Ursula Von der Leyen als EU-Kommissionspräsidentin muss sich erst zeigen, ob etwa deren Ankündigung eines »New Deal for Europe« Taten folgen. Immerhin kündigte sie in ihrer Bewerbungsrede vor dem EU-Parlament an, in den ersten 100 Tagen einen Plan vorzulegen, mit dem die EU bis zum

Jahr 2050 Klimaneutral werden soll: »Unsere drängendste Aufgabe ist es, unseren Planeten gesund zu halten.« Hinzu müsste kommen, weitere Politikfelder wie Landwirtschaft, Verkehr und Energie diesem Primat zu unterwerfen und zum anderen institutionelle Reformen vorzunehmen, die in Europa mehr Demokratie ermöglichen. Nur dann könnte der Klammergriff aus Moskau und Washington und der Ansturm der Rechten den »konstitutionellen Moment« (Bruce Ackerman) auslösen, einen Akt der Neugründung, der nicht nur die EU, wie wir sie kannten, am Leben hält, sondern ihre Vertiefung zur Sozial-, Fiskal-, Umwelt-, Sicherheits- und Digitalunion voranbringt. Doch bleiben Nationalkonservative und Neue Rechte im EU-Parlament als Sperrminorität stark. Möglich ist deshalb die noch stärkere Akzentuierung der Nationalstaatlichkeit, die Anheizung kultur- und wirtschaftsprotektionistischer Stimmungen[67] sowie die Fortsetzung des gewohnten »Durchwurschtelns«, dem vorherrschenden Politikstil und Krisenmanagement der Europäischen Union, mit dem die sozialen Spaltungen zwischen Ost und West und Nord und Süd kaum zu bewältigen und zentrale Anliegen wie der Klima- und Artenschutz nicht zu bearbeiten sind.

Das Ergebnis der dritten Etappe meiner Rundreise: Die Oppositionsparteien in Ostmitteleuropa müssen sich untereinander um einen Minimalkonsens bemühen und miteinander die Dynamik der Sozial- und Umweltproteste und den Widerstand gegen die Einschränkung der Freiheiten und der Rechtsstaatlichkeit in eine parlamentarische Mehrheit umgießen. Die demokratische Opposition in den USA steht vor einem sehr ähnlichen Problem: einem Präsidenten und einer Republikanischen Partei, die im europäischen Spektrum ebenfalls weit rechts anzusiedeln wäre. Auch sie hat große Schwierigkeiten, den zunehmend autokratisch regierenden Trump aus dem Amt zu drängen.

Trump und das andere Amerika

2020 wird Donald Trump wieder- oder abgewählt. Über seinen Charakter und seine Machenschaften weiß man alles, von dem »Amalgam aus Wutausbrüchen, Tiraden und Twitter-Stürmen« (David Frum) hat sich die ganze Welt gefangen nehmen lassen. Der Demokratie in Amerika hat der 43. POTUS schweren Schaden zugefügt, draußen in der Welt pflegt er eine peinliche Kameraderie mit Autokraten. Der übelste, in jedem Fall über 2020 hinaus reichende Effekt der Trump-Präsidentschaft dürfte neben dem gestiegenen Risiko eines atomaren Konflikts der weitere Aufschub globalen Klimaschutzes und die schwere Schädigung des multilateralen Systems sein. Ohne Trumps Namen auch nur zu erwähnen, hat der Shakespeare-Interpret Stephen Greenblatt die Machtkunde des Dramatikers aus dem 16. Jahrhundert für unsere Zeit adaptiert. Shakespeares Bühnenstücke – Richard III., Macbeth, King Lear, Coriolan und andere – zeigen, wie schwer eine veritable Tyrannei anfangs erkennbar ist, wie feine Eliten und grobe Masse dabei mitspielen und wie am Ende offensichtliche Lügen und dreiste Prahlerei für völlig normal gehalten werden. In dem krakeelenden Aufsteiger aus Queens wird eine Figur wie John (alias Jack) Cade sichtbar, der 1450 in England den Mob gegen die Regierung anführte. Bei ihm »muss zwei und zwei nicht vier ergeben, und die neueste Behauptung braucht sich nicht um die Erinnerung an die gegenteilige Behauptung zu scheren, die nur ein paar Sekunden alt ist«[68]. Déjà-vus hat man auch beim Anschauen von *House of Cards*, zumal »The Donald« sich nicht zuletzt als vormaliger Fernsehstar für das Amt beworben hat, das er nun auch wie eine Serienfigur ausfüllt. (Der fiktive Charakter Frank Underwood, der bis zum Mord geht, kommt beim Publikum übrigens sympathischer an als die Realfigur Donald Trump, die lediglich metaphorisch über Leichen geht und den Spruch getan hat, er könnte auf der Fifth Avenue einen Mord begehen und würde dennoch wiedergewählt.)[69] Das irre Treiben im Oval Office und das fehlende Arbeitsethos im Weißen Haus bestätigen teilnehmende Beobachter und investigative Journalisten.[70] Es geht aber nicht um Stilfragen, sondern um den #RealTrump, der Weltpolitik von der Bettkante aus macht. George W. Bushs einstigen Redenschreiber David Frum besorgt Trumps tiefe Verachtung des Staates und seine kriminelle Energie. Der Journalist David Johnston hat die schamlose Fortsetzung von Trumps betrügerischem Geschäftsgebaren im Amt offengelegt, und der gut belegbare Vorwurf der Behinderung der Justiz müsste zwingend eine Amtsenthebung nach sich ziehen. Auf diesen

Präsidenten passt das Bonmot »Nur sein Amt bewahrt ihn vor dem Knast« und sogar die bange Frage: »Faschismus ante portas?«[71]

Wie wird man einen Trump aber los – und nicht nur ihn? Wie hegt man seine Anhänger ein, die im Fall einer Niederlage gewalttätig werden könnten, wie holt man eine grand old party (GOP), die Trump ins Amt gebracht und sich von ihm abhängig gemacht hat, samt deren Wählern zurück auf den Weg demokratischer Verantwortung und parteiübergreifender Gesetzgebung? Wie entgiftet man die politische Kultur, wie repariert man Anachronismen und Defizite eines politischen Systems, die den Aufstieg und die autoritäre Amtsführung Trumps begünstigt haben? Die Demokratie in Amerika, Vorbild für die Welt und Geburtshelferin der deutschen Nachkriegsrepublik, ist ramponiert, aber nicht ruiniert. Sie kann Kraft schöpfen und einen besseren Präsidenten ins Weiße Haus bringen.

Zu beginnen ist wieder mit der Frage nach der Resilienz der Institutionen: Justizsystem, Kongress und Bundesstaaten. Resistance heißt hier wesentlich Restaurierung, zum einen der Rechtsstaatlichkeit, zum anderen einer Administration, die durch Entlassungen und verfehlte Neubestellungen geschwächt ist. Beides wird schwer genug sein. Trump hat schon am ersten Tag verkündet, er wolle den »Sumpf« in Washington, D.C., trockenlegen. Bald zeigte sich, wie die personelle Ausdünnung in den Departments für Handel, Energie und Landwirtschaft zu einem regelrechten Gedächtnisverlust und Stillstand der Ministerien führte. Posten blieben unbesetzt oder wurden mit unfähigen Parteigängern ausgefüllt, Akten und Daten verschwanden, Unbefugte ließen Vorgänge löschen, die ihnen schaden konnten, Kundenbeschwerden wurden getilgt – so geht *House of Cards* in Echtzeit und »executive aggrandizement«[72]. Einstweiliger Höhepunkt der Hybris war das »Blutbad«, das Trump im Frühjahr 2019 im Department of Homeland Security anrichtete, einem Rückgrat der inneren Sicherheit, als dessen Leitung, die eben noch eine rigide »zero tolerance«-Politik implementiert hatte, nicht mehr bereit war, ungesetzliche und grausame Vorhaben des Präsidenten und seiner Entourage umzusetzen. »The system is on fire«, erklärte Trump, dabei war der Präsident selbst der Brandstifter gewesen. Zusätzlich Öl ins Feuer goss er, indem er mit der Kürzung von Hilfeleistungen an Zentralamerika und der Androhung einer erpresserischen Zollpolitik an Mexiko weitere Menschen nach Norden trieb – die u.a. vor den Folgen des Klimawandels fliehen, den Trump ignorant leugnet und dessen Bekämpfung er behindert.[73]

Auch wenn Trump eine Episode bliebe, muss sich Amerika von der seit der Ära Ronald Reagans verbreiteten Vorstellung befreien, der Staat selbst sei das Problem und könne keine Probleme lösen. Weder Reagan noch George W. Bush haben ihre Staatsverachtung so weit getrieben wie der sachlich-fachlich überforderte Trump, der sogar Energie- und Trinkwasserversorgung aufs Spiel gesetzt hat. Die Kette der Fehlbesetzungen durch Trump-Günstlinge erstreckte sich bis in die »Fed«, den Aufsichtsrat der Federal Reserve, das Zentralbanksystem der Vereinigten Staaten, und in renommierte internationale Organisationen wie die Weltbank. Ein Desaster ist auch Trumps Außen- und Sicherheitspolitik, die den erfolgreichen liberalen Internationalismus des 20. Jahrhunderts mit Füßen tritt. In narzisstischer Großmannssucht geht Trump gegen Freund und Feind ins Gefecht, sobald er sich persönlich beleidigt fühlt. Einige Senatoren haben rote Linien zu ziehen versucht, doch es gibt kaum noch »adults in the room«, die Trumps Eskapaden bremsen.[74] James Mattis war bis zu seinem Rückzug im Januar 2019 ein dem »Commander-in-chief« ergebener Viersternegeneral, der, als er einmal auf Risiken und Grenzen einer Militäraktion hinwies wie im April 2018 gegen Syrien, rasch klein beigab. Sicherheitsberater John Bolton ist ein außenpolitischer Falke, dessen Abenteuerlust im Mittleren Osten selbst dem Präsidenten zu weit ging. Die von Trump schwer attackierte, sogar einmal für obsolet erklärte NATO übt sich in »duck & cover« und Schadensbegrenzung, in der Hoffnung auf eine Wachablösung, die für die NATO-Staaten, allen voran Deutschland, übrigens dennoch erhebliche Anforderungen nach sich zöge. Remedur brächte weniger die Erfüllung des zugesagten Zahlungsziels (zwei Prozent des BSP für Verteidigung) als eine selbstbewusste europäische Sicherheitspolitik, die der französische Präsident Macron ins Spiel gebracht hat. (Auch eine Form des Widerstands.)

Am tiefsten gingen wohl die Einschnitte des Weißen Hauses in die US-Justiz. »Trump appointees«, oft aus ganz weit rechts stehenden Denkschulen geholt[75], eroberten Gerichte und Staatsanwaltschaften. Die Ernennung auf Lebenszeit, als Schutzschild richterlicher Unabhängigkeit eingeführt, kann eine interessen- und ideologiegetriebene Rechtsprechung nunmehr verewigen. Kein US-Präsident der jüngeren Geschichte hat so viele Bundesrichter in so kurzer Zeit ernannt wie Trump, keiner bestätigte so wenige amtierende Richter, und kein Senat hat so viele Richter im Schnellverfahren (Cloture vote) berufen.[76] Daran zeigt sich, wie Trump – genau wie die ungarische und polnische Regierung – die Unterordnung der dritten Gewalt betreibt. Schaden genommen hat auch der Supreme Court, das oberste Verfassungsgericht, dem Trump mit dem 54-jährigen Brett Kavanaugh und seinem Gefolgsmann Neil Gorsuch, mit 52 Jahren ebenfalls relativ jung, eine dauerhafte konservative Mehrheit besorgte.

Resilienz, hier? Im Herbst 2018 ereignete sich Erstaunliches: Der Oberste Gerichtshof legte auch in neuer Besetzung Überparteilichkeit an den Tag, als er Plänen zur Verschärfung des Abtreibungsrechts und zur Verzeichnung der Staatsbürgerschaft im Zensus 2020 widersprach. »Chief Justice« John Roberts, ein in der Wolle gefärbter katholisch-konservativer Gegner von Schwulenrechten[77], gab den Ausschlag für die partielle Bestätigung von Obamas Gesundheitsreform und gegen die in einzelnen Bundesstaaten geplante Beschneidung von Aktivitäten von Planned Parenthood, einer NGO, die Schwangerschaftsberatung und Gesundheitsdienste bietet. Beobachter des SCOTUS (wie diese oberste Instanz der Judikative auf dem Capitol Hill analog zum POTUS im Weißen Haus abgekürzt wird) werten dies als das Bemühen von Roberts (eventuell auch von Kavanaugh), die langfristige Legitimität der Justiz über mögliche Etappensiege einer konservativen Weltanschauung zu stellen.[78] Der klare Einsatz für objektiv-rechtliche Urteile ist notwendig, wenn sich ein Präsident ohne ausreichende Mehrheit im Kongress juristischen Flankenschutz verschaffen will, um nicht nur das Recht auf Abtreibung einzuschränken, sondern auch die Sozialpolitik der Demokraten auf den Kopf zu stellen und den weißen Suprematismus festzuschreiben.

Die Gerichte sind eine zentrale Arena politischer Auseinandersetzungen in Washington, wo sich hoffentlich auch konservative Juristen bei ihrer Berufsehre packen lassen. Das belegt eine lange Liste von Gerichtsurteilen gegen die gesetzeswidrige Einwanderungspolitik des Weißen Hauses. Fünf Gerichte haben gegen die Mittelkürzungen an asylfreundliche Städte entschieden, ein Bundesrichter gegen die Trennung von Familienmitgliedern in Immigrationsverfahren. Viele Gerichte entschieden gegen die Absenkung von Asylstandards und setzten das »Deferred Action for Childhood Arrivals«-Programm wieder in Kraft. Auch die »Remain in Mexico«-Direktive des Department of Homeland Security vom April 2019 wurde zurückgewiesen.[79] Zu den von Trump verlangten Verschärfungen des Asylrechts war auch eine ansehnliche Gruppe von Republikanern nicht bereit. Politisch wie juristisch steht die

Trump-Administration bei ihrem erklärten Hauptthema Asyl und Einwanderung vor einem Torso, was sie zu immer fragwürdigeren Überlegungen hinriss wie der Zwangsverbringung von Geflüchteten in die »sanctuary cities«, um sie den dort regierenden Demokraten gewissermaßen vor die Füße zu kippen.[80]

Während Trump meist als Auslöser des »democratic backsliding« angesehen wird, ist er tatsächlich Ausdruck einer bereits länger anhaltenden strukturellen Krise der US-Demokratie. Dieser Verfall hat sich über Jahrzehnte eingeschlichen, und er wird auch eine Abwahl Trumps überdauern, sofern nicht echte Reformen greifen.[81] Für den Verfassungsrechtler Jedediah Purdy war Trumps Machtübernahme »kein anormaler Aufbruch, sondern ... Rückkehr zur historischen Norm«, die der britische Wirtschaftshistoriker Adam Tooze noch drastischer beschrieben hat: »Trump rückt ins grelle Licht, was die Zivilität eines Barack Obama und seiner Administration verdeckt hat: die Unterordnung der amerikanischen Demokratie unter Kapitalismus, Patriarchat und eine von der Sklaverei abgeleiteten Rassenhierarchie.«[82] Der größte Mangel ist, dass US-amerikanische Wahlen nicht mehr fair sind, wenn große Personengruppen davon abgehalten werden, wählen zu gehen, oder sie nur in politisch so zugeschnittenen Bezirken ihre Stimme abgeben können, dass der Ausgang der Wahl de facto vorentschieden ist. Diese Manöver beschädigen das generelle Vertrauen in das politische Personal und System, was ein Demagoge wie Trump dann zynisch ausspielt.[83] Unter dem

Vorwand, Wählerbetrug (der äußerst selten vorgekommen ist) auszuschließen, haben Republikaner in einzelnen Staaten und Distrikten auch Wählerausweisgesetze eingeführt, die unliebsame Wählergruppen (Schwarze, Hispanics und Studierende) fernhalten sollen. Am Anachronismus des Electoral College, dessen Abweichung vom General Vote Trumps Wahlsieg erst ermöglicht hat, wird sich kaum rütteln lassen[84]; die von beiden Parteien, stärker aber von der GOP genutzte Praxis des gerrymandering, der Manipulation von Wahlkreisgrenzen, um die eigenen Erfolgsaussichten zu maximieren, wird wohl erst nach dem Zensus 2020 revidierbar.[85]

Indirekt wirken sich hier auch strukturelle Faktoren aus wie die sozioökonomische Ungleichheit und der Zerfall der US-Gesellschaft in *ökonomische* Parallelgesellschaften, die Demokratie zur Exklusivveranstaltung der Reichen und Superreichen absinken lassen und – kein »Betriebsunfall« – den Milliardär Trump als vermeintlichen *Nicht*-Establishment-Kandidaten ins Spiel gebracht haben. Nicht erst unter ihm wurden in Washington informelle Regeln des Fair Play und die impliziten Normen des legitimen Machtkampfes außer Kraft gesetzt.[86] Während Parlamentsfraktionen und Parteien weltweit eher in die Mitte rückten und Pluralität in ihren Reihen austrugen, entwickelten vor allem die immer homogener auftretenden Republikaner eine regelrechte Abscheu vor Kompromissen, die bis zum mutwillig herbeigeführten Stillstand der Regierung reicht.[87] Die Machtteilung zwischen der Exekutive und den beiden Häusern des Kongresses, die ihre »constituencies« zu bedienen haben und ihre Legitimation aus unterschiedlichen Quellen beziehen, sowie die checks & balances, die Gesetzgeber und Regierung zur permanenten Aushandlung zwingen und bei allem Filibustern einen parteiübergreifenden Konsens erzwingen – all das, was rund 200 Jahre funktioniert hat, ist schon seit den 1980er-Jahren außer Betrieb. Damals tauchte mit Newt Gingrich und anderen Republikanern eine politische Gruppe, man könnte auch sagen: eine radikale Gang, auf, die nicht mehr nach den geschriebenen und impliziten Regeln spielen wollte, und eroberte 1994 den Kongress.[88] Damals wurde angelegt, was Trump und mit ihm der Mehrheitsführer im Senat, Mitch McConnell[89], seit 2016 zum Exzess und bis zur möglichen Selbstzerstörung treibt.

Diese strukturellen Faktoren muss man kennen, wenn man die Gegengewichte gegen Trump berechnen will. Einige »blaue« (demokratische) Bundesstaaten bringen da einiges auf die Waage. Die Rechte der Einzelstaaten wurden in den USA, seit die Demokraten beim Kampf gegen Rassendiskriminierung und für den Aufbau des Wohlfahrtsstaates vor allem auf die Bundesgesetzgebung setzten, eher von reaktionärer Seite gegen Washington, D.C., ins Feld geführt – die abschätzige Rede vom »Beltway«, der Bundesbürokratie, steht in einer langen populistischen Tradition, die Trump auf die Spitze treibt. Nun aber haben 16 Staaten im Februar 2019 Klage gegen Trumps Notstandsedikt erhoben, um zu verhindern, dass er vom Kongress anderweitig eingeplante Mittel in Höhe von mehr als sechs Milliarden

Dollar für den Bau der Mauer nach Mexiko umwidmete, auch aber, um die absurde Behauptung zu widerlegen, an der Südgrenze herrsche überhaupt ein Notstand. Klageführer war, nicht zufällig, der Justizminister von Kalifornien, des bevölkerungsreichsten Staats der USA, der schon den Titel »State of Resistance« verliehen bekam,[90] was bei ganz Entschlossenen bis zu dem Gedankenexperiment führt, aus den Vereinigten Staaten auszutreten. (Unabhängig wäre der Sunshine State die derzeit fünftgrößte Industrienation der Welt.)

So weit wird es nicht kommen, eher sehen sich viele Kalifornier als Hüter einer lebenswerten Zukunft ganz Amerikas und wählen heute selbst in einst am stärksten nach rechts geneigten Bezirken überwiegend Demokraten in den Kongress in Sacramento und in Washington. Wer in Amerika Elemente einer sozialen Demokratie sucht, findet sie am ehesten in Staaten an der Westküste. Sie bieten die umfassendsten Krankenversicherungen, treiben am entschiedensten Klima- und Umweltpolitik, zahlen relativ hohe Mindestlöhne, nehmen »illegale« Einwanderer in großer Zahl auf und stellen ihnen öffentliche Bildungs- und Dienstleistungen zur Verfügung. Auch tolerieren sie am ehesten Homo- und Intersexuelle und investieren konsequent in das öffentliche Verkehrssystem. Auf allen Gebieten, nun auch mit der Freigabe von Marihuana, hat sich Kalifornien, das ob seiner immensen Schuldenlast und der häufigen Rassenkrawalle schon als gescheiterter Staat abgeschrieben worden war, als Avantgarde neu erfunden.

2017 steigerte sich der Widerstand gegen die Bundes-
administration zu einer Art legislativen und judikativen
Rebellion: Weitere Bundesstaaten traten gegen Beschneidungen (nicht registrierter) Immigration und des Umwelt-
schutzes an. Kalifornien hat mit Schutzgesetzen (sanctuary
law) die paramilitärische Jagd auf Illegale am stärksten
unterbunden und begegnet Trumps Aufweichung der Um-
weltstandards mit progressiven Selbstverpflichtungen, die
über Vorgaben des Pariser Klimaabkommens hinausgehen.
Kalifornien ist der US-Staat, der die höchste Dichte privaten Autoverkehrs aufweist und einen immer noch gigan-
tischen Energiehunger an den Tag legt, aber eben auch von
beängstigenden Umweltkatastrophen heimgesucht wird.
Und hier möchte man die »Dreamers«, die Kinder der un-
registrierten Immigranten, den American Dream weiter-
träumen lassen, indem ihnen Bildung und Gesundheits-
versorgung zur Verfügung stehen. Gouverneur Jerry Brown
war 2017, in den letzten Monaten seiner Amtszeit, als eine
Art Gegenpräsident um die Welt getourt, um die Attacke
auf Barack Obamas Clean Power Plan und den mittlerweile
vollzogenen Ausstieg aus dem Pariser Klimaabkommen zu
kompensieren. Mit den Premiers von Kanada und Mexiko
vereinbarte er einen gemeinsamen Emissionshandel, eine
Art Umweltschutz-NAFTA, im Vatikan tat sich der Jesu-
itenschüler mit Papst Franziskus zusammen, in Beijing,
Bonn und Paris trommelte er für eine Koalition der Willi-
gen gegen den globalen Temperaturanstieg. Eine Batterie
von Anwälten, angeführt von Obamas ehemaligem General-

staatsanwalt Eric C. Holder, kämpfte gegen Versuche Washingtons, die strengen Abgasregeln für die Autoindustrie zu entschärfen und vor den Küsten wieder Offshorebohrungen nach Öl und Gas aufzunehmen. Das Bild Kaliforniens als Oppositionsführer gegen Trump wird allerdings getrübt durch die große soziale Ungleichheit, die vor allem über explodierende Kosten für Mieten und Wohnungsbau zur höchsten Armutsrate in den USA und zu einer exorbitanten Zahl Wohnungsloser bis weit in den unteren Mittelstand hinein geführt hat.[91] Generell stellt der Föderalismus aber heute ein beachtliches politisches Oppositionskapital dar: 28 republikanischen Gouverneuren stehen 27 Demokraten in den bevölkerungsreichen Staaten gegenüber. Nach Erfolgen 2018 in Illinois, Michigan, Kansas, Nevada, New Mexico und Maine stehen bis 2020 weitere Gouverneurswahlen an, die Trumps Durchregieren weiter beschränken können. Widerstand gegen Willkür und Übermacht erwuchs in den USA aber nie allein aus den Institutionen der Republik, sondern auch aus Graswurzelbewegungen, die durch Trump eine neue Entschlossenheit entwickelt haben.

Was eigentlich Emma Gonzalez macht, war eine häufig gestellte Journalistenfrage zum Jahrestag des Massakers an einer Schule in Florida am 14. Februar 2018, bei dem ein 19-Jähriger 17 Menschen erschossen hatte. »Parkland Kids« hießen die Schülerinnen, die es nicht bewenden lassen wollten bei den üblichen Beschwichtigungen nach solchen Taten. Emma Gonzalez war die 19-jährige Sprecherin, die sich redegewandt und angriffslustig gegen den Präsidenten stellte, der den »achtjährigen Angriff« auf das freie Tragen von Waffen unter Obama zu beenden versprochen hatte und dessen Mittel gegen »school shootings« allen Ernstens die Bewaffnung der Lehrer war. Trump und die Republikaner sind Fürsprecher und Schutzpatrone der National Rifle Organisation. Wo Emma geblieben ist (sie engagiert sich weiter in diesem Kampf), ist aber weniger interessant als das Scheitern des Kongresses, weitere Massaker zu verhindern. Immerhin haben 26 Bundesstaaten und der Bundesdistrikt 2018 ihre Waffenregeln verschärft, ohne jedoch dem Overkill-Potenzial wirklich Einhalt gebieten zu können. Das moralische Gewicht und die emotionale Kraft der »Marches for our life«[92], zu dem 800 000 Menschen auf der Pennsylvania Avenue in der Hauptstadt und Millionen Waffengegner im ganzen Land zusammengeströmt waren (um mit 7000 Paar Schuhen auf dem Capitol Hill an die 7000 [!] seit 2012 bei Schulmassakern getöteten Schüler und Schülerinnen zu erinnern), zehrten sich seither auf. Weiter kämpft die von den Schülern formierte Antiwaffenlobby Never again MSD mit Aktionen (z.B. dem Preisschild an Abgeordneten in Höhe der NRA-Spenden), mit Wahlempfehlungen (Vote them out), Aufrufen zur Wählerregistrierung und Anzeigenboykott (z.B. gegen Fox News und Laura Ingraham, die sich über den Marsch lustig gemacht hatten). Die Bürgerrechtsorganisation ACLU hat darauf aufmerksam gemacht, dass bei Schießereien zwischen Individuen oder durch Selbstmord noch weit mehr Menschen Opfer von »gun violence« geworden sind und diese extrem ungleich verteilt sind.

Schwarze werden sechsmal häufiger ermordet als Weiße, aber sieben bis acht Mal häufiger als Täter verfolgt.[93]

Eine Facette armseliger Maskulinität ist die Waffenliebe, eine andere der Sexismus. Weiße Männer, aber eben auch die Mehrheit weißer Frauen wählten im November 2016 mehrheitlich einen Kandidaten, der an schamlosem Sexismus und dreistem Machogehabe kaum zu überbieten ist – und nicht die Kandidatin mit den größten Chancen in der US-Geschichte, als erste Frau ins Weiße Haus einzuziehen. So ist es vielleicht kein Zufall, dass sich #Metoo zu Beginn von Trumps Amtszeit formierte. Frauen aller Altersgruppen legten ihre leidvolle und weitverbreitete Erfahrung sexueller Übergriffe von Männern unter Ausnutzung ihrer institutionellen Machtpositionen offen.[94] Der Hollywood-Produzent Harvey Weinstein gab nur den Anlass, viral fand die Kampagne über die sozialen Netzwerke eine Resonanz, die weit über das Showgeschäft in den USA in alle Bereiche des Arbeitslebens reichte und in den meisten Nationen der Welt angekommen ist. Das Time-Magazine erklärte die »Silence Breakers« zur »Person of the Year« 2017. Trotz der auch von weiblicher Seite geäußerten Kritik, die Bewegung könne unberechtigte Klagen und Rufmorde gegen Männer auslösen und ein puritanisch-verklemmtes Verhältnis zwischen den Geschlechtern befördern, hat #Metoo die Problematik sexueller Gewalt (in geringerer Zahl auch von Frauen gegen Männer oder in gleichgeschlechtlichen Beziehungen) ins Bewusstsein gehoben – Missstände, die nach Jahrzehnten weiblicher Emanzipation als überwunden galten. Die Kampagne hat in fast allen Berufsfeldern zum Nachdenken geführt: in der Justiz, in religiösen Gemeinden, in Sportvereinen, in medizinischen und therapeutischen Professionen, sei es mit präventiven Vorkehrungen gegen sexuelle Übergriffe (auch in der Ehe), sei es zur generellen Reflexion von Erziehungsgrundsätzen. Frauen demonstrierten in Polen unter schwarzen Schirmen gegen (schärfere) Abtreibungsverbote, im Dezember 2018 in Tel Aviv 30000 jüdische und arabische Frauen in rot gefärbten Gewändern gegen Frauenmorde und häusliche Gewalt, und die #MeToo-Kampagne erreichte auch Indien, wo die strukturelle Benachteiligung von Frauen und die Gewaltausübung gegen sie besonders eklatant sind.

Die Mobilisierung der Gegner/-innen blieb nicht aus. In Verona versammelte sich Ende März 2019 unter Luftballons in Rosa und Blau und vielen Kruzifixen der »Marsch für die Familie« des World Congress of Families, einer internationalen Lobby gegen Pro-choice-Gesetze. Sie streitet gegen die Ehe für alle, LGBTI-Rechte, »Gender-Ideologen« und andere als »widernatürlich« denunzierte Anliegen ebenso wie gegen ein liberales Familien- und Scheidungsrecht und sogar gegen Sexualaufklärung. Weltweit werden Gynäkologen und Pflegepersonal angegriffen, die Schwangerschaftsabbrüche vornehmen, und Ärzte animiert, Abtreibungen zu verweigern. (Es ist im Rahmen unserer Themenstellung interessant, dass auch solche diese Aktivitäten formal als »Widerstand« bezeichnet und verstanden werden.)[95] In Mailand präsent waren zahlreiche Frauen, darunter Ministerinnen aus Ungarn und Italien, Hedwig von Beverfoerde vom deutschen Aktionsbündnis »Demo für alle« mit der als Skandalnudel bekannten Gloria von Thurn und Taxis, doch der Starredner war männlich: Italiens Vizepremier Matteo Salvini, der gerne öffentlich mit dem Rosenkranz hantiert. Angetrieben wird diese Mobilisierung durch bevölkerungs-politische Motive, mehr (»bio«-italienische, ungarische, deutsche, österreichische etc.) Kinder zu zeugen. Der per-verse Effekt dieses vermeintlichen Lebensschutzes schlägt sich im »Heartbeat Bill« diverser US-Bundesstaaten nieder. Dort dürfen Frauen künftig nicht mehr abtreiben, sobald der Herzschlag des Embryos sonografisch feststellbar ist, also sechs Wochen ab dem ersten Tag der Periode. Sogar einer vergewaltigten Elfjährigen, die schwanger geworden war, wurde auf dieser Grundlage in Ohio die Abtreibung verweigert. Dagegen rief die Schauspielerin Alyssa Milano den Sexstreik aus. Lysistratas Erben, die mit diesem poli-tischen Mittel 1997 auch schon einen Waffenstillstand in Kolumbien zwischen Regierung und Rebellen erzwungen hatten, wollen so die Rücknahme der frauenfeindlichen Ge-setzgebung erzwingen.

Frauen könnten sexistischen Parteien und Kandidaten eine klare Absage auch an den Wahlurnen erteilen.[96] Bis-lang verhinderte das die z.B. in den USA überkommene Loyalität verheirateter und gläubiger weißer Frauen zu konservativen Republikanern, auch die Irritation durch das Auftreten selbstbewusster sexueller Minderheiten schreckt sie ab. Doch hat sich die Zustimmung zu Trump im »Jahr der Frau« verringert, bei den Midterm-Wahlen im November 2018 wählten weiße Frauen mehrheitlich Demokraten. Dazu trugen intensive, an den Womens' March und #MeToo anknüpfende Kampagnen von Haustür zu Haustür bei, selbst im stockkonservativen Orange County/CA klopften »The Resitas« überall an. Eine Gruppe hoch motivierter und talentierter weiblicher Abgeordneter zog in den Kongress ein, darunter – selten oder nie gesehen – demokratische Sozialistinnen, Frauen mit Kopftuch und selbstbewusste Lesben. Solche Abgeordnete bekräftigen nicht nur ihre Identität und leuchten die im Kongress unsichtbare Diversität der Nation aus, sie sind auch sozial- und umweltpolitisch aktiv, befürworten internationale Kooperation und wollen mit den üblichen Sponsoren der Demokraten, darunter »Wall-Street-Milliardären«, nichts gemein haben. Sie sind mit anderen Worten das krasse Gegenteil von Donald Trump.

Als Antipoden der Rechten, die die »Kulturrevolution« der Sixties revidieren will, sind erwartungsgemäß auch Kulturschaffende aller Sparten angetreten.[97] Schon 2016 riefen Blockbuster-Namen von Stephen King bis J. K. Rowling gegen die Kandidatur Trumps auf, der im Amt erst recht zum ersten Bösewicht der Late-Night-Shows aufstieg. Rapper wie Kanye West, die den Milliardär eben noch bewundert hatten, dissten ihn zeitweise heftig. Sein Stern auf dem *Walk of Fame* in Hollywood wurde mit dem Vorschlaghammer zerstört, bei Bruce Springsteens Broadway-Abenden wartete das Publikum gespannt auf den ersten Seitenhieb gegen den Tycoon, der in seinem Tower ein paar Blocks weiter saß – und vermutlich seiner Lieblingsbeschäftigung nachging und fernsah. Das politische Sachbuch boomte ebenso wie der investigative Journalismus der Qualitätsblätter und politische Filme wie z. B. *Fahrenheit 11/9* von Michael Moore und *Vice* von Adam McKay. All das dürfte freilich die ohnehin Bekehrten angesprochen und nicht jene erreicht haben, die womöglich von Zweifeln beschlichen wurden, ob Trump wirklich der richtige Mann am richtigen Ort sei. Kritische Äußerungen des Kulturbetriebs sind im Universum der sozialen Medien, in denen ein anderer Ton herrscht und ganz andere Bilder zirkulieren, oft nur ein Rauschen. Da ist Trump so präsent wie alle anderen Populisten. Am stärksten jedoch ist er bei 60-minütigen Rallyes, bei denen er mit seinen Verehrern im »democratic surround« (Fred Turner) kommuniziert und die erwünschten TV-Clips generiert.[98] Wenn sich »The Donald«, im Grunde kein wirklich fesselnder Entertainer, in Rage redet, wachen die von ihm gern angesprochenen »hard-working people« auf. Die Dauerberieselung der Getreuen ist Trumps Strategie. Während die Demokraten ihre Kampagne für 2020 starteten, hatte der amtierende Präsident diesen Modus nie wirklich verlassen. Und nichts wäre schlimmer für ihn, als wenn die »Feinde des Volkes« das Interesse an ihm verlören und zu ihrer Tagesordnung übergingen.

Die Resistance hält Trump starke Gegenbilder, ätzende Satire und diskursive Aufklärung entgegen. Der March for Science von 2017, eine in vielen Ländern nachgeahmte

Großdemonstration, und die Scientists for Future stellten sich gegen das Treiben der Virtuosen der Lüge, der Zweifelshändler der Klimaskepsis, der Spin-Doktoren von Amerikas wiedergefundener Größe. All das wird in den USA als »Gaslithing« bezeichnet, eine Psychotechnik, die Menschen durch Manipulation an sich selbst zweifeln lassen soll. Das bekräftigt noch einmal die Bedeutung der autonomen Institutionen des bürgerlichen Zeitalters: Wissenschaft, freie Presse und die Künste. Sie vor allem verbürgen den Widerstand gegen »alternative Wahrheiten« und stehen nun vor der Herausforderung, »politisch« zu werden, ohne ihre Autonomie zu verlieren.

Im November 2020 steht in den USA eine weltbewegende Präsidentschaftswahl an: Entweder flaut eine lange autoritäre Welle ab oder eine klassische Demokratie wird von ihr überflutet. Man könnte denken, die Demokraten hätten leichtes Spiel mit einem Präsidenten, der zu keiner Zeit die Mehrheit des amerikanischen Volkes hinter sich hatte und dessen Popularität durchgängig Tiefstwerte aufwies.[99] Bei den Zwischenwahlen erzielten die Demokraten einen Teilerfolg und konnten mit der Mehrheit im Repräsentantenhaus und im Vorsitz wichtiger Ausschüsse den Druck auf Trump erhöhen. Sie müssten also »nur« einen attraktiven Gegenkandidaten, womöglich weiblichen Geschlechts, ein konzises Programm und eine klare strategische Linie aufbieten – und dies über eine lange Strecke bringen. Die begann im Juni 2019 mit den *Primary Debates,* im Februar

2020 stehen Vorwahlen in Iowa, New Hampshire und South Carolina an, am 3. März folgt der Super Tuesday und eine Woche später die wohl entscheidenden Vorwahlen in Michigan und Ohio. Die Democratic National Convention wird Mitte Juli 2020 in Milwaukee/Wisconsin bestimmen, wer Trump am 3. November 2020 beerben soll. Und wer einige der 100 Millionen hinter sich bringen kann, die 2016 nicht zur Wahl gegangen waren (oder daran gehindert wurden), darunter eine wachsende Zahl von »Independents«, die weder Demokraten noch Republikanern zuneigen und das Ende der ideologischen Polarisierung herbeisehnen.

Solche Wähler schauen vor allem auf »Brot-und-Butter-Themen« und die Wirtschaftsbilanz der ersten Amtsperiode Trumps. Für ihn spricht die alte Kampagnenweisheit »It's the economy, stupid!«. Damit war Bill Clinton 1992 erfolgreich, als er die schlechte Wirtschaftsbilanz des Amtsinhabers George H.W. Bush herausstellen konnte. Trump, der noch stark von den Weichenstellungen Barack Obamas profitiert, konnte Mitte 2019 auf die niedrigste Arbeitslosigkeit seit Langem, auf passable Produktivitätssteigerungen und erstmals wieder auf gestiegene Durchschnittslöhne verweisen. »Die Welt beneidet uns, und das Beste kommt noch«, twitterte der Präsident vergnügt. Amerikas Wirtschaftslage ist zwar alles andere als rosig, der Schuldenstand enorm und die soziale Kluft riesig, aber die relativ größten Zugewinne bei Jobs und Löhnen strichen zuletzt einmal unqualifizierte Arbeiter ohne Collegeabschluss ein – exakt Trumps

Zielgruppe, die lange Jahre unter der Verlagerung von Arbeitsplätzen und stagnierenden Reallöhnen gelitten hatte. Jedes demokratische Programm muss folglich als erste Priorität deren Nachholbedarf nicht nur an Dollars, sondern auch an Respekt und Anerkennung zufriedenstellen.

Deren Fehlen hatte Trump 2016 auf seine Mühlen gelenkt mit dem Manöver aller Rechtsparteien, eine eventuelle Anwartschaft von »Fremden«, also Einwanderern und Flüchtlingen, auf wohlfahrtsstaatliche Leistungen zu negieren. Und so akzentuierte der amtierende Präsident seine Wahlkampagne. Sicher wird er sich anrechnen lassen, Amerika wieder auf Kurs gebracht zu haben, aber seine Leidenschaft liegt eindeutig beim Thema Immigration. Trumps Fantasie, Amerika wieder groß zu machen, ist nicht die einer gut funktionierenden Nation, die durch Einwanderung geworden ist, was sie ist. Er propagiert eine Gesellschaft, in der die weiße Mehrheit weiterhin das Sagen hat. Die moralisch so verwerfliche wie wirtschaftlich irrationale Absperrung des Landes soll ein Signal an die weiße Bevölkerung, vor allem an die starken Babyboomer senden, die nach allen demografischen Projektionen zur Minderheit wird. Das erklärt Trumps Aggressivität gegenüber »Hispanics«, deren Zahl besonders rasch steigen wird, während auch Afroamerikaner und Asian-Americans moderat mitwachsen. Trumps Programm lautet also »It's the culture, stupid!«, er münzt Abstiegsängste vor allem weißer Männer erneut in eine rassistische Erzählung um. Die radikalen Suprematisten[100], die 2017 in Charlottesville zum Pogrom antraten und eine große Zahl von Anschlägen auf Muslime, Juden und Schwarze verübten, bilden nur die Spitze eines Eisbergs.

Seit Langem wird dagegen die »emergierende Mehrheit der Demokraten« (Ruy Texeira) prophezeit, einer breiten demokratischen Koalition aus der schwarzen Bevölkerung im Süden und in den Metropolen, aus weißen urbanen College- und Universitätsabsolventen, aus hispanischer Arbeiterklasse, Juden, Muslimen und alleinerziehenden Müttern, aus der Mehrheit der Frauen und der Millenials. Dem steht die überproportionale Repräsentation ländlicher Distrikte in einem völlig anachronistischen Wahlsystem gegenüber, das die dort vorherrschenden Republikaner auch gemäßigten Demokraten strukturell überlegen macht. Auf eine Formel gebracht: Das ländliche Amerika, das lautstark seine soziale und kulturelle Marginalisierung beklagt, kann seinerseits die Stadtbewohner politisch marginalisieren.[101] Die Demokraten ringen folglich um ein Programm, einen Kandidaten oder eine Kandidatin und um ein klares Profil, das nicht nur diese Vielfalt spiegelt, sondern eine auch im Hinterland plausible Machtalternative darstellt.

Drei Wege bieten sich dazu an: rechtlich-institutionell das Amtsenthebungsverfahren, die Profilierung einer beliebten Person und programmatisch eine klare sozial- und umwelt-politische Alternative.[102] Ein Impeachment ist eigentlich unumgänglich, aber in der breiten Wählerschaft nicht sonderlich populär. Kompetente und beliebte Kandidaten haben die Demokraten, aber eher zu viele davon und in einer Spannweite, die den Vorwahlkampf zum Haifischbecken machen könnte. Und linker und rechter Flügel haben sehr unterschiedliche Ideen für ein gerechteres und offeneres Amerika. Das Dilemma besteht darin, dass die aktivsten Wahlkämpfer genau jene nach links neigenden Aktivisten jüngeren Alters und vor allem weiblichen Geschlechts mit Wohnsitzen an der Ost- und Westküste sind, die unter den religiös und sozial konservativen Kreisen das geringste Ansehen haben und deren Zugpferde (wie Bernie Sanders und Elizabeth Warren) dort auf die größte Skepsis stoßen. Aus all diesen Gründen wird die Rückeroberung des Weißen Hauses ein schwerer Gang. Einvernehmlich sind Mainstreamthemen wie die Bewahrung von »Obamacare«, des bundesgesetzlichen Patient Protection and Affordable Care Act und die Erhöhung der Mindestlöhne. Weniger konsensfähig ist schon der Schutz der liberalen Abtreibungsgesetze und die Verschärfung der Waffengesetze, während Anti-Trust-Gesetze[103] und höhere Steuern für Superreiche wohl nicht nur in Kalifornien auf Skepsis stoßen.

Ebenso unpopulär ist das von der Sache her – der vom Präsidenten provozierten und ständig verschärften Verfassungskrise – zwingende Impeachment.[104] Selbst der Einbruch in die Parteizentrale der Demokraten im Watergate-Gebäude war harmlos im Vergleich zu dem, was sich Donald Trump als 45. Präsident der Vereinigten Staaten geleistet hat: Unzulässige Eingriffe fremder Mächte, Zulassung und Vertuschung ungesetzlicher Unterstützung seiner Wahlkampagne 2016, Behinderung der Justiz, Anordnung von Ermittlungen gegen politische Gegner und

Kritiker, Missbrauch des Begnadigungsrechts, Befürwortung ungesetzlicher Gewalt, Gefährdung der Nation durch Androhung eines Atomkriegs, Beschneidung der Pressefreiheit – das ist die unvollständige Verfehlungsliste eines »Präsidenten, der gerne Diktator wäre« (D.C. Johnston). Psychiater erblickten in Trump überdies einen klinischen Fall bösartigen Narzissmus und zogen die Anwendung von Verfassungsartikel 25 Absatz 4 in Betracht, wonach man einen kranken Präsidenten absetzen kann (und muss), »der unfähig ist, die Befugnisse und Obliegenheiten seines Amtes wahrzunehmen«.[105] Doch die Nibelungentreue der Republikaner zu ihrem Präsidenten verhindert ein Impeachment und macht es zur Sache des amerikanischen Volkes, Trump aus dem Amt zu wählen.

Wie angedeutet (und wie schon in den europäischen Fällen) ist das wie eine Quadratur des Kreises. Auch eine zentrifugale Demokratische Partei muss sich auf einen wuchtigen »Anti-Trump« einigen, der sozialkonservative Wählergruppen anspricht und die religiöse Grundfärbung der US-Bevölkerung respektiert. Die früh ins Rennen gegangenen Senatoren Bernie Sanders und Elizabeth Warren profilierten sich mit einem prononciert »linken« Programm, das eine politische Revolution ankündigt. Das ist durchaus ein treffendes Bild, müssen die Demokraten doch, wenn sie das White House zurückerobert, ihre Sitze im Abgeordnetenhaus noch einmal vermehrt und womöglich auch Senatorenposten gewonnen haben, immer noch ein an vielen Stellen anachronistisch und ineffektiv gewordenes System runderneuern. Dazu braucht es rule breakers, d.h. eine junge, aktive Wählergruppe unter den Millenials und der Generation Z, die liberaler gesonnen sind und radikaler agieren als der Parteiapparat und das ältere Establishment. In diesen Alterskohorten bringen junge Hispanics und Asiaten ihr Gewicht ein, hinzu kommt das gestiegene Engagement junger Frauen – »Leute wie wir« nennt sie die Leiterin der New American Leaders Sayu Bhojwani.[106]

Also ein Linksruck? Alle Auguren der Wahlforschung raten zur Vorsicht, weil ein Akzent auf Identitätspolitik und Umverteilung in großen Städten und Universitäten ankommen mag, eventuell auch noch im Milieu urbaner Startups, nicht aber bei der weißen (männlichen) Unterschicht, die seit den 1980er-Jahren das Gefühl hatte (und haben konnte), unter die Räder des Freihandels, der Frauenquote und des sozialen Aufstiegs der Farbigen gekommen zu sein. Regional bedeutet das: Wenn die Demokraten an Trump gefallene Staaten wie Wisconsin, Michigan, Ohio und Pennsylvania nicht zurückerobern, dürfte die Wahl erneut verloren gehen. Das mag »demokratischen Sozialisten« nicht gefallen (und ihre Unlust, sich für einen bald 80-jährigen Zentristen wie Joe Biden einsetzen zu sollen, ist gut zu verstehen!), aber man muss eben nicht Harvard und Berkeley bzw. New York und Kalifornien erobern, sondern außer den Staaten an den Großen Seen Landstriche wie Maine und Arizona, am besten auch Florida und Georgia.

Das ist nicht völlig aussichtslos. Weiße »blue-collar workers« ohne Collegeabschluss sind mit 33 % auch immer noch die größte Wählergruppe der Demokraten, vor den Weißen mit Abschluss (26 %), Afroamerikanern (19 %) und Hispanics (12 %). Und die Krise der amerikanischen Demokratie ist eine Folge der langen Krise der US-Wirtschaft, deren Erbschaft von Sozialhilfe abhängige Vollzeitarbeitnehmer, eine ausgewachsene Drogenkrise und die rückläufige Lebenserwartung weißer Amerikaner ist, während die Vermögen der oberen Ein-Prozent und die Boni der CEO explodiert sind. Die an der Brookings Institution tätige Wirtschaftswissenschaftlerin Isabel Sawhill hat ein konsensfähiges Reformprogramm skizziert, das sich in zwei Punkten resümieren lässt: Qualifizierung der Arbeit und Erhöhung der Mindestlöhne.[107] Nichts daran ist »sozialistisch«, wie die Republikaner behaupten. Selbst die oft im Rampenlicht stehende demokratische Abgeordnete Alexandra Ocasio-Cortez (»AOC«), die zur amerikanischen Rosa Luxemburg stilisiert wird, wäre in Mitteleuropa bestenfalls eine moderate Sozialdemokratin. Sie schlägt den mittlerweile auch bei US-Linken obligaten Green New Deal vor, der ökologische Notwendigkeiten wie die Dekarbonisierung mit der Reparatur der maroden Infrastruktur, mit Maßnahmen der Arbeitsbeschaffung und sozialem Wohnungsbau kombiniert. »Big, beautiful coal« (Trump) zu überwinden, ist auch der Kern des »Real Green Deal«, den Obamas Energieminister Ernest Moniz und Andy Karsner, George W. Bushs Staatssekretär für erneuerbare Energien, skizziert haben, und Elizabeth Warren hat ebenfalls ein voluminöses Infrastruktur-, Industrie- und Forschungsprogramm vorgelegt, dass klimapolitische Ziele im Blick auf die Großen Seen mit einem »wirtschaftlichen Patriotismus«, also einem Anschub für Betriebe und Arbeitsplätze daheim, verbinden soll.

Skeptiker halten das für Flausen, die bei den »Trump-Demokraten«[108] in den Staaten an den Großen Seen eher Stirnrunzeln auslösen, weil sie an die nächsten Fabrikschließungen denken. Auch der radikale Vorschlag von Sanders und anderer Vertreter des linken Flügels, M4A (eine obligatorische Krankenversicherung für alle) ist teuer und würde für Zigmillionen US-Bürger den Verzicht auf ihre private Krankenversicherung beinhalten. Solche Vorschläge helfen nur bei den Vorwahlen, bei denen oft liberale und radikale Kandidatinnen und Kandidaten ins Rennen geschickt werden, die am 3. November 2020 eher untergehen.

Also ein Rechtsruck? Das auch nicht. Mit Trumps eigentümlicher Identitätspolitik liegen Fragen von Race&Gender ohnehin auf dem Tisch. Wer Trump besiegen will, kann sich weder auf den Mittleren Westen allein kaprizieren noch auf die Staaten, in denen Schwarze und Hispancis überwiegen (Georgia: 51 %, South Carolina 61 %, Mississippi 71 %), noch auf eine akademische Mittelschicht, die etwa die (berechtigte!) Forderung nach Reparationen an die Nachkommen von Sklaven ins Zentrum rückt. Die Demokraten müssen, ähnlich wie die Opposition in Ostmitteleuropa – so simpel wie schwierig –, in *allen* Bundesstaaten für das *gesamte* demokratische Spektrum eine inklusive Kampagne führen. Diese hat wohl drei Grundbotschaften: Schließung der sozialen Kluft, politische Reformen und moralische Erneuerung im Weißen Haus.[109]

Genau deswegen machte der Präsident Immigration zum heißesten Wahlkampfthema, verschärfte er die Repression an den Grenzen und verbreitete eine düstere Krisen- und Untergangsstimmung. Angst ist sein Hauptmittel. Dabei geht es ihm gar nicht darum, das amerikanische Volk insgesamt hinter sich zu bringen, das laut allen Umfragen mehrheitlich gegen den Bau einer Mauer an der mexikanischen Grenze und gegen die Ausrufung des Notstands ist. Drei Viertel der US-Bürger halten Immigration wirtschaftlich wie kulturell weiterhin für verkraftbar und wünschenswert, zwei Drittel glauben nicht an die von Trump verbreitete Sage, vor allem Einwanderer seien Urheber von Verbrechen und Drogenhandel, und die Mauer könne beides einschränken. Die überwiegende Mehrheit ist auch für die Legalisierung nicht registrierter Einwanderer und gegen rigide Maßnahmen wie Deportationen. Die unbarmherzige Trennung von Kindern als »unbegleitete Personen« von ihren Eltern traf weithin auf Entsetzen. Menschen, die im Alltag ständig mit Latinos zu tun haben, bestätigen die Befunde der Migrationssoziologie, die gerade den von Trump besonders aufs Korn genommenen Mexikanern eine hohe Bereitschaft und Fähigkeit zur Assimilation bescheinigen.[110] Alteingesessene und Einwanderer sind sich im Lauf der Jahre so ähnlich geworden, dass sich Hersteller typischer Latinoprodukte und spanische Radiosender bereits Gedanken machen, wie sie ihre ethnische Kundschaft halten sollen. Toxisch ist die

Immigrationsfrage in den ländlichen Gebieten der Vereinigten Staaten, die von der grosso modo positiven Bilanz nicht zu überzeugen sind und wo Immigration Ängste vor Kontrollverlust bündelt.[111] Illegale Einwanderung wird vor allem in Gegenden zum Schreckbild, die sie noch gar nicht erreicht hat oder wo sie plötzlich und massenhaft erscheint.

Linke Demokraten präsentieren dagegen oft vage Leitbilder wie »offene Grenzen« und betreiben eine identitäre Nabelschau, sodass Konservative in dem von der Demokratischen Partei gepflegten Bild der Diversität den übergreifenden Patriotismus und ein rationales Konzept legal kontrollierter Einwanderung vermissen, das auch offen ist für eine Erhöhung der Asylquote. Rational ist das, weil in vielen Regionen angesichts des demografischen Wandels Bedarf an Arbeitskraft besteht. Mit einer im Verhältnis zu Europa und China geringen Bevölkerungsdichte ist Amerika keineswegs »voll«, wie Trump herausposaunt. Und kulturell gehört Immigration im Empfinden der meisten Amerikaner weiter zur DNA einer »Nation von Einwanderern«, deren Patriotismus von Ideen der Freiheit, Gleichheit und Solidarität durchdrungen ist.

Viele sehen in ihr auch noch eine »Nation under God«, sodass auch die Religionszugehörigkeit Wahlen entscheiden kann. Zentraler Streitpunkt ist hier die Abtreibung. Donald Trump, der vor wenigen Jahren noch klar »pro-choice« firmierte, versuchte die evangelikale Basis in seiner Rede an die Nation und beim National Prayer Breakfast 2019 mit einer wetterwendischen Ablehnung der Abtreibung zu ködern. Wenn die Konjunktur doch noch einbrechen und ihm der Kongress keine Mauer genehmigen sollte, kann er die religiöse Karte ausspielen, aus der sich auch ein Blatt gegen Migration und Minderheiten zusammenstellen lässt. Frauen wie Melania und Ivanka Trump, die sich öffentlich zurückhalten, gelten als Rollenmodelle wiedergefundener Feminität.[112] Die evangelikale Basis erscheint unerschüttert, doch regt sich auch Unmut gegen die Überpolitisierung der Religion bei afroamerikanischen Evangelikalen[113], die sich am verbreiteten Rassismus ihrer weißen Glaubensbrüder und -schwestern stoßen. Auch jüngere Gläubiger lassen ihre Gemeinden hinter sich. Ob das eine Kurskorrektur der religiösen Rechten einleitet, ist zweifelhaft, aber sicher ist auch, dass eine moralische Erneuerung der Konservativen nicht ohne die Evangelikalen gehen wird. In der demokratischen Partei überwiegen die »nones«, Menschen, die keine Konfession ankreuzen, und Hillary Clinton hat mit Rücksicht darauf einen ausdrücklich »nicht christlichen Wahlkampf« geführt. Dagegen steht der demokratische Kandidat Pete Buttigieg, erfolgreicher Bürgermeister der Stadt South Bend im Staat Indiana, für eine »Religious Left«; der bekennende Schwule und Afghanistan-Veteran präsentiert eine gute Mischung aus Bürgermeisterschlauheit und Glaubenszuversicht.[114] Ein noch relativ junger Mann, der eine Autostadt im Rust Belt saniert hat, wäre durchaus ein probates Mittel gegen eine zweite Amtszeit Trumps 2020.

Manche Leser werden sich gewundert haben, dass man die großen Themen Protest, Opposition und Widerstand behandeln kann, ohne bisher genauer auf die so spektakuläre Protestbewegung der französischen »Gelbwesten« einzugehen. Dabei ist Gelb die Widerstandsfarbe der Saison (auch bei den *lazos amarillos* katalonischer Separatisten und den Protestierenden in Hongkong, die ein Meer gelber Schirme aufspannen). In der europäischen Tradition galt gelb eher als eine unansehnliche Farbe, die mit Unreinheit (mit Prostitution und uneheliche Kinder) und in der Politik mit Verrat assoziiert wurde (gelbe Gewerkschaften) und mit dem gelben Stern von den Nationalsozialisten zum Stigma der Exklusion gemacht wurde. In der Tat nutzen die gilets jaunes alle aufgezählten Mittel des Ungehorsams: Blockaden, Demonstrationen, Generalstreiks, Straßenunruhen, Platzbesetzungen. Auch haben sie ein klares Ziel: die Entmachtung des französischen Präsidenten Emmanuel Macron, den sie für einen ausgemachten Autokraten halten. Die gelbe Sicherheitsweste, knitterfrei, in Einheitsgrößen, aus Polyester mit Klettverschluss, macht die Leuchtfarbe und die silbrig weißen Reflektorstreifen auch bei Dunkelheit weithin sichtbar. Getragen wird sie im Berufsleben, wo es gefährlich wird, in vielen Ländern muss sie für den Pannenfall von Autofahrern mitgeführt werden.[115] Es war ausgerechnet der extravagante Karl Lagerfeld, der 2008 bei der Einführung der gelben Weste in Frankreich in einer solchen für eine Anzeige der Verkehrsbehörden posierte: »Sie sind gelb, sie sind hässlich, sie passen zu gar nichts. Und sie werden Ihr Leben retten.« Die Weste lag also im wahrsten Sinne des Wortes nahe, im Handschuh- oder Seitenfach, als sich 2018 die Empörung über Erhöhungen der Benzinpreise in spontanen Protesten entlud und ein Zeichen suchte. Ohne den bewussten Anstoß eines einzelnen Vorreiters legten Protestakteure gelbe Westen an und schufen ein Symbol des Aufruhrs, das so prägnant und selbstevident werden sollte wie die Hosen ohne Kniebund (Sansculottes), die das einfache Volk zur Zeit der Französischen Revolution zur Distinktion von Adel und Klerus trug.[116] So formte sich ein »body politic«, ein politischer Körper. Die Ironie: Ausgerechnet ein Symbol der Sicherheit führte zur größten Verunsicherung der Französischen Republik seit Jahren.

Das ist ganz klar: Widerstand. Doch auch, wenn ihre Aktionen typisch sind für aktuelle Protestereignisse, habe ich sie bisher ausgeklammert, weil sie bei aller Aufmüpfigkeit (die manche Intellektuelle faszinierte) selbst einen zutiefst autoritären Grundzug haben. Ihr Schwerpunkt lag in der Provinz bei ausgeglichener Verteilung über das ganze Land. Prominente Sprecher hatten sie kaum, der Protest schien in alle Richtungen des politischen Spektrums anschlussfähig, bis sich bei der Europawahl herausstellte, wohin die Masse der Gelbwesten neigte: zu Marine Le Pens Rassemblement National. Anlass der Proteste waren bereits in den Vorjahren gestiegene Treibstoffpreise, die vor allem Pendler und Selbstständige, Einzelhändler und Handwerker belasteten, die viel mit dem Auto unterwegs sein müssen. Dass der Aufschlag um drei bzw. sieben Cents mit der Notwendigkeit der Erreichung globaler Klimaschutzziele begründet wurde, machte die Maßnahme besonders unpopulär. Eine ökologisch begründete Einschränkung individueller Automobilität löst überall starke Unzufriedenheit aus, wie etwa der Unmut über Fahrverbote in Deutschland und die lange Geschichte von »Auto(fahrer)parteien« zeigen.[117] Nicht zufällig richtete sich die Wut der militanten Gelbwesten auch gegen Ampeln, Radarfallen und Verkehrszeichen. Als französische Folklore gilt, dass es dabei regelmäßig zu Brandstiftungen und Plünderungen kam und Monumente der Französischen Republik geschändet wurden. Dass auch das Porträt der verstorbenen jüdischen Politikerin Simone Weil mit Hakenkreuzen übermalt und der jüdische Philosoph Alain Finkelkraut auf offener Straße bedroht wurde, dass am Ende Tote und Verletzte auf der Strecke blieben, löste vor allem bei weiblichen Gelbwesten und den in Absetzung von den Militanten gebildeten »Rotschals« Entrüstung aus. Doch wurde die Eskalation in Umfragen und durch intellektuelle Patrone der Bewegung zum Kollateralschaden verharmlost. Im politischen Koordinatensystem beanspruchten die Gelbwesten den derzeit attraktiven Nicht-Ort *ni droite, ni gauche.*[118] Die Steuererhöhung wurde von der französischen Regierung, die von der Vehemenz des Protestes überrascht war, zurückgenommen. Mit dem Sammelsurium der »40 Forderungen« legten die »gilets jaunes« kein politisches *Program Commun* vor, wie sich das Projekt der beiden Linksparteien PS und PCF Anfang der 1970erjahre genannt hatte, die Wut kulminierte lediglich in dem Wunsch, die Eliten sollten abhauen: *Macron démission*. Gelbwesten wurden kein Exportschlager, aber sie schimmerten auch in Australien, Ägypten und Kanada durch und wurden (vergeblich) von Sarah Wagenknecht und der AfD bemüht.[119] Überall stehen sie dem eigentlich notwendigen Politikwechsel entgegen und bündeln nur eine ungebundene Wutenergie, von der am stärksten die extreme Rechte profitieren dürfte. Insofern kann man Karl Lagerfeld von 2008 abwandeln: Sie sind gelb, hässlich, passen zu gar nichts – und werden Ihr Leben *nicht* retten.

ES MUSS NICHT GESCHEHEN

»So sind wir nicht, so ist Österreich einfach nicht,
aber das müssen wir alle gemeinsam beweisen.
Den Politikern wird dabei eine besondere Rolle
zukommen.«

Alexander van der Bellen
zum »Sittenbild« des Ibiza-Videos

In den komischen Aufschrei »Unsere einst geachtete Armee
ist von einem Instrument der Landesverteidigung zu einer
durchgegenderten multikulturalisierten Eingreiftruppe im
Dienste der USA verkommen« packte Björn Höcke, AfD-
Chef in Thüringen, sämtliche Obsessionen seiner Partei:
NS, Gender, Multikulti, USA. Ähnlich vollmundig annoncierte sein »gemäßigter« Parteifreund Marc Jongen das Kul-
turprogramm seiner Partei im Bundestag: »Es wird mir eine
Freude sein, die Entsiffung des Kulturbetriebs in Angriff zu
nehmen.« Ein Zitat, das in das »Wörterbuch des Unmen-
schen« gehörte, das Dolf Sternberger und andere nach 1945
aus der Sprache des Dritten Reiches generiert haben. Aber
diese Dampfplauderer sollen eine Gefahr für Deutschland
darstellen? Die Deutschen, warnte jüngst eine türkische
Autorin, könnten am Abrutschen ihres eigenen Landes, der

Türkei, in die Diktatur ablesen, wie rasch sich eine Demokratie auflösen und ein autoritäres Regime etablieren kann. Vor allem Deutschland habe das Zeug und die Verpflichtung, einen Feuerwall dagegen aufzurichten.[1] Das war ein schönes Kompliment an ein Land, das die Welt einmal in Angst und Schrecken versetzt hat und sich gegen alle Erwartungen und Ängste vor einem »neuen Weimar« in eine stabile Demokratie verwandelt hat. Da sich nun aber auch in Deutschland eine Rechtspartei aus dem Schatten der Vergangenheit löst und nach der Macht greift, müssen sich die Deutschen ein Lob, dass sie »so nicht« sind, erst noch verdienen.

Das haben die Wähler bei der Bundestagswahl 2017 und bei der Europawahl verpasst. Spätestens die nächste Bundestagswahl 2021 (oder vorher) bietet die Chance, die AfD dahin zu befördern, wo NPD, DVU und REPs vor ihr gelandet sind: in die Bedeutungslosigkeit. Die »Alternativen für Deutschland« wären andernfalls: die Fortsetzung der Obstruktion und der Aufbau der AfD zum Juniorpartner in Landes- und Bundesregierungen. Ein schlichtes »Empört euch!« reicht nicht mehr, um den neurechten Marsch in und durch die Institutionen nach ungarischem Muster zu verhindern. Dass die AfD diesen Weg betreten hat, macht ihre Nibelungentreue zur FPÖ und ihre Geistesverwandtschaft mit Orbán, Salvini und Le Pen unmissverständlich klar.

Kontext und Kulisse

Mobil gemacht hat die deutsche Rechte mit angstbesetzten Themen von der »Eurokrise« bis zur »Flüchtlingskrise«. So hat sie enttäuschte Anhänger der Großen Koalition sowie Nicht- und Protestwähler an sich gezogen. Anlass der Verunsicherung war nicht etwa die manifest gewordene Umweltkrise oder Langzeiteffekte der Finanzkrise, sondern die Angst vor der unerklärten Wanderungsbewegung aus dem globalen Süden, die übrigens viel mit den desaströsen Folgen von Klimawandel und Finanzkapitalismus zu tun hat. Drei Gruppen fanden da zusammen: (gefühlte) Modernisierungsverlierer aus dem Sozialmilieu der Arbeitnehmer und Arbeitslosen plus radikalisierte Kulturkämpfer der bürgerlichen Mitte plus Verächter des politischen Establishments aus allen Lagern.[2] Die meist gegeneinander ausgespielten »kulturellen« und »sozioökonomischen« Motive des Rechtsrucks fügen im populistischen Protest Statusängste zusammen, die durch die Öffnung der Grenzen alias »Globalisierung« bedingt sind und die mobile Mittelklasse, die »anywheres«, von den weniger beweglichen »somewheres« trennt, genau wie »Alteingesessene« von »Fremden«. Die Rückversicherung an der gewohnten Sicherheitsinstanz Nation(alstaat) liegt nahe, aber die Stafettenübergabe von Professor Bernd Lucke an die gescheiterte Unternehmerin Frauke Petry und die heutige AfD-Spitze stärkte einen völkisch-autoritären Nationalismus, der von Beginn an latent war. Ein krämerischer D-Mark-Nationalismus lud sich giftig auf mit rassistischen Visionen einer angeblichen »Umvolkung«, ein Ideologem, das die Neue Rechte in die Alltagskultur transportiert hat.

Um sich von historischen Skrupeln zu befreien, relativiert nicht nur der radikale »Flügel« der AfD ohne Komplexe die NS-Zeit. Freimütig titulierte der AfD-Fraktionschef Gauland Flüchtlinge – Menschen also, die z.B. den schrecklichen Folgen des syrischen Bürgerkrieges entkommen waren – als »Geschenk«, um Bundeskanzlerin Merkel, die bis dahin wenig angefochtene Führungsfigur der rechten Mitte, in Misskredit zu bringen.[3] Die humanitär gebotene Aufnahme von Flüchtlingen in Europa hat die Pegida-AfD – unter freier Mitarbeit von Horst Seehofer (CSU) in kumpelhafter Freundschaft mit Orbán – zum veritablen Bürgerkriegsszenario stilisiert. So machte eine anfänglich unter »andere« rangierende Kleinstpartei der Union die »strukturelle Mehrheitsfähigkeit« (Peter Radunski) streitig. Der seit Konrad Adenauers Zeiten gepflegte »Gärtnerkonservatismus« (so bezeichnete Armin Mohler, der Mythopoet der Konservativen Revolution, die Mäßigung der weichgespülten und westorientierten Nachkriegsunion) soll endlich einer »echten«, harten Rechten weichen. Die fast ununterbrochene Vormachtstellung der CDU/CSU seit 1949 scheint tatsächlich bedroht. Beschleunigt wurde diese Dynamik durch den erstmaligen Erfolg einer EU-Exit-Bewegung in Großbritannien und durch die ethnonationalistische Tendenzwende in Osteuropa. Mitgespielt haben Wladimir Putin, dessen treuer Paladin die AfD ist, und

Donald Trump, der als »Ami« suspekt blieb, als Wahlkämpfer aber stilbildend war.

Damit zur Kulisse: Die AfD politisiert menschenfeindliche Haltungen in der deutschen Gesellschaft und greift eine spürbare Nervosität im Alltagsleben auf. Ressentiments, Wut und Hass bilden ein – wie es der »Parteiphilosoph« Marc Jongen frei nach seinem Lehrer Peter Sloterdijk nennt – »thymotisches Potenzial«, auf Deutsch: ein Wutbürgergeschrei, das als Artikulationsweise »besorgter Bürger« verharmlost wird. Dass dies zum politischen Mord reicht, zeigt der Fall des Kasseler Regierungspräsidenten Walter Lübcke, der auf eine gern verdrängte Hypothek zurückverweist: Seit 1971 soll es 12 Entführungen, 174 bewaffnete Überfälle, 123 Sprengstoffanschläge, 2173 Brandanschläge, 229 Morde mit rechtsextremen Motiven gegeben haben. Seit 1963 wurden 92 rechtsterroristische Gruppen und Einzelpersonen identifiziert.[4] An dem Mordanschlag war die AfD nicht direkt beteiligt, aber ihr toleriertes Vorfeld hatte dem Opfer über Wochen hinweg ob seiner Fremdenfreundlichkeit nachgestellt. Auch nach Lübckes Tod gab es Hasskommentare von AfD-Leuten. Diese Kreise, auch die Pegida-Umzüge, Nazinetzwerke und Desinformations-Plattformen wie PI-news, bringen die faschistischen Potenzen zur Geltung, die Intellektuelle der Identitären Bewegung zum »Widerstand« (gegen den »Volkstod« und Ähnliches veredeln.[5] Die österreichischen Freiheitlichen haben unter Jörg Haider und Hans-Christian Strache Taktik und Takt der »Normalisierung« des ultrarechten Randes vorexerziert und saßen bis vor Kurzem dort, wo die AfD hinmöchte: an den Schalthebeln der Regierungsmacht. Dabei nahmen sie die selbst nach rechts gewanderte ÖVP in Geiselhaft und demonstrierten ihr im Mai 2019, wohin das Anbandeln mit Ultrarechten führen kann. Ein ähnliches Debakel erlebte Italien mit der Koalition aus Lega und M5S. Auch die Erfahrungen der Volkspartei PP in Spanien mit der ultrarechten Vox zeigt, dass der Umarmungsversuch den Konservativen diesen eher selbst die Luft zum Atmen nimmt.

Der Feldzug gegen »Kulturmarxisten« (ein Begriff aus dem Vokabular des Massenmörders Anders Breivik), Feministinnen und Antifaschisten wird alimentiert aus der üppigen Erstattung von Wahlkampfkosten, umgesetzt durch Mandatsträger auf allen Ebenen und nobilitiert durch eine parteinahe Stiftung im Aufbau, deren auserkorene Namensgeber ausgerechnet der Liberale Gustav Stresemann und der Weltbürger Desiderius Erasmus waren. Im Hintergrund stehen – wieder wie in Österreich – anonyme Gönner, die den Zuspruch der Partei im bürgerlichen Milieu bezeugen, der AfD aber auch einen handfesten Spendenskandal eingebrockt haben. Dieser und die Einstufung von Gliederungen der Partei als »Prüf- und Verdachtsfall« durch den Verfassungsschutz führten 2019 zu einer kleinen Zustimmungsdelle in Meinungsumfragen, die sich bei der Europawahl in Westdeutschland bestätigte, während in Sachsen und Brandenburg auf Landes- und Gemeindeebene AfD-Mehrheiten an die Macht drängen.

Wie man die AfD *politisch* eindämmen kann, soll nun nach dem bekannten Schema analysiert werden: Wie reagiert der Bundestag auf seine »größte Oppositionsfraktion«, wie lassen sich (Nicht-)Wähler dagegen mobilisieren, was können Gerichte bewirken? Was richten Vereine aus, was die Bürgergesellschaft at large? Was fängt man mit einem rechtsradikalen Nachbarn und Berufskollegen an, wie schützen sich Gewerkschaften und Berufsverbände gegen Unterwanderung, wie anfällig sind Christen für rechtsgerichteten Lebensschutz? Soll und kann man »mit Rechten reden«, sie ausgrenzen und ächten? Und wenn reden: um zu überzeugen oder um Widerspruch zu bekunden? Reden mit wem – mit Funktionären der AfD, mit Rechtsintellektuellen, mit AfD-Anhängern auf einer Bürgerversammlung? Wie dabei den Versuch kontern, die Grenzen des Sagbaren zu verschieben, mit Paranoia und Manipulation Verunsicherung zu säen? Wie stärkt man Wissenschaft, Kultureinrichtungen und Medien gegen die Verbreitung »alternativer Fakten« und die Androhungen von Zensur?[6] Und nicht zuletzt: Wie stellt man eindrücklich klar: Wir sind mehr?! Die Fragen stellen sich besonders dringlich in den ostdeutschen Ländern und Gemeinden, wo die AfD ihr großes Potenzial umgesetzt hat, während das deutsche Wirtschaftsmodell, das ewige Stabilität zu garantieren schien, mit dem Niedergang seiner Eckbranchen und Spitzenunternehmen (Stahl, Energie, Automobil, Chemie, Banken) in Turbulenzen geraten ist.

Belebung im Hohen Haus?

Die AfD ist eine legale Partei, die sich dem politischen Wettbewerb stellt und demokratisch in Ortsbeiräte, Kommunalparlamente, Landtage, den Bundestag und zuletzt ins EU-Parlament gewählt worden ist. Statt also mit »Karlsruhe« und dem Parteiverbot zu drohen und jene Freiheiten zu beschneiden, die auch Feinden der Demokratie zustehen, muss man ihnen »klare Kante« zeigen und das Trugbild zerstören, die AfD vertrete eine schweigende Mehrheit, wie es der von der Bürgerbewegung der späten DDR geklaute Slogan »Wir sind das Volk« suggeriert. Als selbst erklärte »Anti-Parteien-Partei« muss man die »Alternative« beim Wort nehmen und zeigen, wo sie das Demokratiegebot verletzt oder, viel häufiger, lediglich für sich in Anspruch nimmt, was sie den Altparteien vorwirft: Elitenprivilegien in Absetzung vom »einfachen Volk«. Studien zur Parlamentsarbeit der Partei zeigen, dass die AfD ihre Präsenz in Volksvertretungen vornehmlich mit Fensterreden zum Dauerwahlkampf nutzt und bei jeder Sachfrage gebetsmühlenartig auf ihr Themendreieck Flüchtlinge – Islam – Innere Sicherheit zu sprechen kommt.[7] Das großmäulige Versprechen vom Wahlabend 2017 »Wir werden sie jagen!« (Gauland) wurde trotzdem nicht eingelöst. Auch die AfD musste lernen, dass der Bundestag im Westlichen ein Arbeitsparlament ist. In den meisten Politikfeldern sind Afdler so ahnungslos, wie sich Fraktionschef Gauland 2018 in seinem legendären ZDF-Sommerinterview erwiesen hat.

Eine Achillesferse der AfD sind die Finanzquellen der Partei. Spenden wurden illegal geleistet, auch russische Kreditgeber sind bekannt geworden. Investigative Journalisten und die Bundestagsverwaltung müssen da viel schärfer hinschauen und illegale Praktiken sanktionieren, und man möchte auch genauer erfahren, welche Hintermänner, versteckt hinter Briefkastenfirmen wie Goal AG, die AfD an die Macht bringen wollen.[8] Den Politikstil der Partei – demagogisch, präpotent, amateurhaft und chaotisch – belegte eine scheinbare Randepisode, als im Mai 2019 ein gewisser Gunnar Beck, Lektor für Europarecht, mit der falschen Berufsbezeichnung Professor und Fachanwalt an Platz 10 einer AfD-Landesliste auf Wahlzetteln auftauchte. Die AfD, die gern gegen Eliten und Experten wettert, schickte hier selber einen Vertreter dieser Spezies ins Rennen – und zwar mit einer strafbaren Selbsterhöhung –, einen »Europa-Recht(l)er« gegen Europa.[9]

Gefährlich würde die AfD, wenn ihr die Union den Steigbügel hielte, wie die ÖVP den Freiheitlichen: »Wer sich mit der FPÖ einlässt, bekommt Rechtsextremismus, autoritäre Anwandlungen und Korruption (und abgrundtiefe Inkompetenz, aber das ist im Moment das geringste Problem).«[10] Im Mai 2019 wurde durch die Publikation eines 2017 entstandenen Videos ruchbar, wie die Freiheitlichen mit einer »russischen Oligarchin« als Gegenleistung für Parteispenden über Vergünstigungen aus dem Staatshaushalt zu mauscheln bereit waren. Dass die Republik Österreich danach ihre türkis-blaue Koalition losgeworden ist, hat den Beigeschmack, dass sie nicht gehörig abgewählt, sondern über eine mediale Intrige gefallen ist.

Das »Ibiza-Video« bestätigt freilich nur im Originalton, was die kritische Sichtung der FPÖ seit Jahren belegt und die Anhänger misstrauisch hätte machen müssen: Aufgeblasene Angeber wollen sich den Staat zur Beute machen. Begonnen hat das 2000 mit der damals noch schwarz-blau genannten Koalitionsregierung unter ÖVP-Kanzler Wolfgang Schüssel und dem (nach seinem Austritt aus der FPÖ) parteilosen Finanzminister Karl-Heinz Grasser, der sich an Privatisierungen eine goldene Nase verdient und der Republik einen gewaltigen Schuldenberg hinterlassen hat. Wer eine solche Gruppierung ein zweites Mal mit politischer Macht ausstattet, muss mit Blindheit geschlagen sein – die Wähler genau wie koalitionsbereite Politiker aller Couleur (auch die SPÖ hat sich mehrfach mit den Freiheitlichen eingelassen). Und wer nach dem Maiwochenende 2019 immer noch FPÖ wählt (bei der Europa-Wahl waren es immer noch stolze 18 Prozent), tut das nicht, *obwohl,* sondern *weil* HC Strache sein Innerstes offengelegt hat. Dass der FPÖ die »b'soffene Geschicht« nicht geschadet hat, liegt also exakt daran, dass Strache es in diesem Video so hedonistisch krachen lässt, wie es sein Volk – im Unterschied zu den »Eliten« mit ihren Rauchverboten und Geschwindigkeitsbegrenzungen – gerne hat.[11] Zu allem Überfluss wurde er dank 44 750 »Vorzugsstimmen« ins EU-Parlament entsandt, nahm das Mandat dann aber nicht an. Die Septemberwahlen 2019 sollen die alten Verhältnisse wiederherstellen. Ebenso wenig schreckt das Video Gleichgesinnte in Deutschland ab: Wer wie AfD-Chef Jörg Meuthen die FPÖ ohne Abstriche als Bündnispartner einstuft, der bekennt, dass er es ihr im Zweifel gleichtun wird. Das Ibiza-Schema ist keine »Sonderfall« (Meuthen), die FPÖ ist der Ernstfall.

Dass im Bundestag dank der AfD »schärfer, aggressiver, aber auch grundsätzlicher und normativer debattiert« wird, ist kein Schaden. Ob das dann zur »Vitalisierung und Politisierung der parlamentarischen Auseinandersetzung« beiträgt, muss sich noch zeigen. Entscheidend ist: »Gerade weil die AfD rote Linien der politischen Kultur demonstrativ überschreitet, müssen weltanschauliche Grundlagen argumentativ vergewissert und erneut legitimiert werden.«[12] Republikanischer Liberalismus erschöpft sich nicht in kleinlauter Selbstbestätigung. Er muss reagieren, wenn im GroKo-Konsens übersehene und zu kurz gekommene Themen auch durch die AfD auf die Tagesordnung gesetzt werden, darf sich dann aber nicht etwa einem oberflächlichen Heimatdiskurs anpassen, sondern muss *offensiv* Lösungen für Problemanzeigen bieten, die die Rechte groß gemacht haben: Wie sieht eine vernünftige Einwanderungspolitik aus, wie ein sozialverträglicher Klimaschutz, wie eine nachhaltige Wiederbelebung »abgehängter« Regionen? Der erhoffte Effekt, die Volksparteien würden ihr Profil schärfen, blieb bisher aus: Weder gaben Liberal-Konservative brauchbare Antworten auf die wachsende Aversion gegen Euro, Globalisierung und Migration, noch eroberten Linke das populistische Metathema soziale Ungleichheit zurück.

Zu den Antagonisten der AfD wurden die Grünen, und zwar an der neuen Konfliktlinie zwischen einem depressiven, in Xenophobie abgeglittenen Heimatschutz, der gefährlichen Klimawandel und andere Umweltkrisen schlicht bestreitet, und dem sozialökologischen Aufbruch, den ein wachsender Teil der jüngeren Generation für seine Zukunft reklamiert. Die AfD verdiente keinen einzigen Tag Schonfrist. Sie trägt das Anti-System-Gen in sich und geht ausdrücklich nicht den nach anfänglicher Fundamentalopposition von den Grünen beschrittenen Weg zu einer respektablen Normal-Partei.

Opferschutz

So ungefährlich die AfD nüchtern betrachtet für den Bestand der Bundesrepublik Deutschland ist, so gefährlich wird sie durch jenes »Dunkeldeutschland« (Joachim Gauck) der Nazis, Pegida, Reichsbürger, Internettrolls und Identitären, mit dem sie untrennbar verbunden ist. Die Feuerwälle, die moderate AfD-Politiker um dieses Milieu aufbauen, reißen Führungspersonen wie Björn Höcke, die »Jungen Alternativen«, Abgeordnete und Mitarbeiter in Bundes- und Landtagen immer wieder nieder. Aus dieser Braunzone, bisher von der NPD und vom »III. Weg« beansprucht, rekrutiert die AfD Personal, Slogans und Ideen.[13] Der Selbsteinschätzung eines Hinterbänklers: »Von der NPD unterscheiden wir uns vornehmlich durch unser bürgerliches Unterstützerumfeld, nicht so sehr durch Inhalte« (Dubravko Mandic) kann man zustimmen. Dieser Ausfransung in den Nationalsozialismus muss man mit Mitteln der Straf-justiz und Methoden des Staatsschutzes begegnen. Es darf nicht der mindeste Eindruck entstehen, in »national befrei-ten Zonen« oder »rechten Räumen« seien Andersdenkende und Kippa-Träger nicht erwünscht, Sicherheitskräfte nicht mehr präsent oder es bestünden klammheimliche Einver-ständnisse. Als Hans-Georg Maaßen in seiner damaligen Funktion als Präsident des Verfassungsschutzes im Som-mer 2018 die pogromartigen Ausschreitungen in Chemnitz relativierte, war dies ein verhängnisvolles Signal. Sein Kon-terpart, der ehemalige, von der FPÖ gestellte Innenminister Herbert Kickl, brachte sich mit einer dubiosen Polizeiaktion gegen den österreichischen Verfassungsschutz in den Ver-dacht, Akten über rechtsradikale Verbindungen seiner Partei entwendet und Material mit dem russischen Geheimdienst ausgetauscht zu haben.[14] Solche Grauzonen sollten Anlass sein, generell die in den vergangenen Jahrzehnten ständig gewachsenen Kompetenzen der Innenministerien kritisch zu durchleuchten. Kickl war der Protagonist der gegen den liberalen Rechtsstaat gerichteten Überzeugung, »das Volk« stehe über dem Recht – ein pseudodemokratischer Angriff auf die aus guten Gründen nicht mit absoluter Mehrheit zu überstimmenden Grundrechte der Bürgerinnen und Bürger und die Unabhängigkeit der Justiz.

Eine deutlichere Demonstration von Wehrhaftigkeit wäre zum Schutz der Opfer angedrohter oder ausgeübter Gewalt angebracht, da die Serie von Übergriffen gegen Ge-flüchtete, Antifaschisten und politische Mandatsträger seit

2015 ein echtes Polizei- und Justizversagen indizieren. Zum Schutz der Opfer vor Gewalt zählt auch die Fürsorge für Flüchtlinge und Migranten auf Fluchtrouten im Süden Europas und an den Aufnahmeorten, wo sie stattdessen diskriminiert oder bedrängt werden[15], ebenso der Widerstand gegen rechtswidrige Abschiebungen, die Aufnahme bedrohter Personen etwa im Kirchenasyl und die Unterstützung von Organisationen, die seerechtswidrig gehindert werden, mit Geretteten an Land zu gehen. Wenn die Opposition zu kreativen Methoden (wie den »sanctuary cities« in den USA) greift, mag das unpopulär sein, doch wenn dies gekoppelt ist mit der Bahnung legaler Einwanderung und der Vermeidung von Massenflucht durch echte Entwicklungszusammenarbeit, würde der Begriff »Multikulti« – seit den 1990er-Jahren ein Schimpf- und Hasswort der Rechten – entdramatisiert und im Übrigen mehr Sensibilität schaffen für die andauernde Externalisierung der Wohlfahrtskosten reicher Gesellschaften in den globalen Süden.[16] Die vermeintliche Flüchtlingswelle ist hausgemacht.

Wir sind mehr!

Eine aktive Bürgergesellschaft beweist sich auch, wenn sie den rechten Aufmarsch qua »Abstimmung mit den Füßen« widerlegen kann und im täglichen Plebiszit praktische Grenzen aufzeigt. Über die strikte Gewaltfreiheit und kreative Performanz einer Gegendemonstration vermeidet man, dass sich Rechte einen Märtyrerbonus zulegen; besser als etwa das übliche Spießrutenlaufen durch einen schwarzen Block und andere »Nazis raus!«-Rituale ist entspannte Demarkierung: Hier steht, ohne Überheblichkeit, das bessere Deutschland. Man muss vernagelt sein, die Attacke auf einen Bremer AfD-Häuptling gutzuheißen, wie es ein taz-Kommentator nahelegte. Gegen dessen Satz »Wer im Kampf gegen Rechts die Parole ›Keine Gewalt‹ zitiert, lässt Neonazi-Opfer im Stich« notierte Bettina Gaus das Selbstverständliche: »Es gibt gute Gründe dafür, dass Rechtsstaaten nicht die Opfer über Täter urteilen lassen, sondern unabhängige Richter. Also auch nicht Demokraten über Nichtdemokraten. Und es gibt gute Gründe dafür, gegen Lynchjustiz zu sein. Nichts anderes ist nämlich Gewalt gegen Arg- und Wehrlose, ganz egal, welche politische Meinung sie vertreten. Deshalb sind Aufrufe zur Gewalt immer falsch. Auch wenn sie sich gegen Faschisten richten.«[17] Man sieht an dem Beispiel, wo die indirekte Gefahr autoritärer Zustimmungen liegt: »we go low« – und sinken womöglich auf das Niveau bürgerkriegsgeiler Identitärer ab, die von sich behaupten, dem »gerechtfertigten Protest, Zorn, Aufstand der Bürger gegen die Zerstörung der Ordnung in unserem Land eine wirkungsvolle Stimme zu geben«.

Zur Bürgergesellschaft zählen Kirchen, Gewerkschaften und Berufsvereinigungen. Als der »Dicke Pitter«, die berühmte große Glocke im Kölner Dom, gegen das Hassgeschrei Rechtsradikaler auf der Domplatte anläutete und der Evangelische Kirchentag 2019 AfD-Funktionäre ausschloss, fand das großen Beifall. Doch konservative Christen sahen darin eine ungerechtfertigte Parteinahme im politischen Kampf. Es versteht sich offenbar nicht von selbst, dass Gläubige jenen Christen (und Juden) widersprechen, die sich in der AfD organisieren. Volksgemeinschaftsideale und Staatsgläubigkeit haben in der Religionsgeschichte eine unheilvolle Rolle gespielt. Das Bedürfnis nach Weihrauch und lateinischer Messe, nach strengen Normen und absoluten Wahrheiten deckte sich oft mit Auffassungen der völkischen Rechten. Eine autoritäre Glaubensdoktrin und Lebensführung scheint zur traditionellen Auffassung von Familie und Geschlechterrollen zu passen. Dabei müssten Christen solchen Beschwörern des Abendlands wie Pegida als Erste entgegentreten – und viele tun es auch (und könnten ein paar Dezibel lauter werden). Zum Christsein gehört die Anklage ungerechter und prekärer Lebensverhältnisse bei Angehörigen aller (und keiner) Konfessionen, eine an den universellen Menschenrechten ausgerichtete Haltung – und dabei die Bereitschaft zum Dialog mit Andersdenkenden. In dieser Doppelfunktion können Religionsgemeinschaften als normative Ordnungen und geschützte Diskursräume Teil der Opposition und Quelle von Widerstand sein.

Wahlanalysen zeigen, dass Mitglieder von Gewerkschaften sogar überdurchschnittlich zur AfD tendieren, man kann sie etwa im Ruhrgebiet als Arbeiterpartei bezeichnen. Der Deutsche Gewerkschaftsbund (DGB) und seine Einzelgewerkschaften haben dagegen deutlich gemacht, dies sei unvereinbar mit den »Grundwerten von Solidarität, Mitbestimmung und Demokratie«[18]. Nach Jahrzehnten aktiver Mitgliedschaft in Gewerkschaft und SPD war Guido Reil, ein Bergmann aus Essen, zur AfD übergetreten und betrieb die Gründung einer blauen Gewerkschaft. (Heute wirkt er als Europaabgeordneter der Partei.) Nationalismus war und ist in ganz Europa im (vor allem nicht organisierten) Arbeitnehmer- und Arbeitslosenmilieu verbreitet, die alte Affinität von Gewerkschaften zur Sozialdemokratie ist passé und eine Rechtspartei kein Tabu, auch wenn deren Arbeits-, Sozial- und Rentenpolitik alles andere als arbeitnehmerfreundlich und noch den neoliberalen Positionen der Anfangsjahre verpflichtet ist. An den Erfahrungen in Österreich und Ungarn kann man exemplarisch belegen, wie Rechtsparteien an der Macht die gesetzliche Arbeitszeit verlängert und den Schutz des Arbeitsrechts gelockert haben. So wenig wie konservative Christen im Kulturkampf der Rechten ihr Heil finden, so wenig Segen liegt auch auf chauvinistischem Wirtschaftsprotektionismus.

Die stärkste zivilgesellschaftliche Opposition gegen die AfD geht bisher von den einkommensstarken, säkularen und formal höher gebildeten Mittelschichten aus, aber selbst in der »bürgerlichen Mitte« findet die Partei auch Sympathie, wie ein Fall aus Mittelhessen zeigen kann: als im März 2018 ein Gießener Arzt und Psychoanalytiker in den Vorstand der dortigen AfD gewählt worden war, empörten sich die Kollegen im dortigen Horst-Eberhard-Richter-Institut für Psychotherapie und Psychoanalyse und in der Deutschen Psychologischen Vereinigung (DPV), dies stehe im »diametralen Gegensatz zu den Werten der Psychoanalyse«. Ein

Psychoanalytiker dürfe Menschen nicht nach Hautfarbe, Religionszugehörigkeit und sexueller Orientierung beurteilen, wie dies die AfD in ihrer Ablehnung von Flüchtlingen, Muslimen und oft auch Homosexuellen tue. Der Betroffene, früher in der SPD aktiv, beteuerte, nicht aus fremdenfeindlichen, sondern eurokritischen Motiven in die AfD eingetreten zu sein und nicht alles zu unterschreiben, was dort gesagt und geschrieben werde. Er blieb Mitglied des Instituts, dessen Namensgeber den Bestseller *Flüchten oder Standhalten* geschrieben hatte.

Dem hielt man im Sinne Horst-Eberhard Richters stand, aber kaum zu tolerieren ist, wenn 2018 eine deutsch-türkische Anwältin zweimal mit »NSU 2.0« unterzeichnete Drohbriefe aus einem Frankfurter Polizeicomputer erhält – wenigstens fünf Polizeibeamte sollen beteiligt gewesen sein. Auch wurden Chatgruppen bekannt, in denen Polizisten Naziparolen austauschten. Im Eliteteam GSG 9 fantasierte ein gewisser »Hannibal« den Staatsstreich, die Bundeswehr musste zwischen 2008 und 2018 mindestens 200 Soldaten wegen einschlägiger Aktivitäten entlassen. Dramatisch ist, wenn polizeiliche Erkenntnisse und Warnungen vor einem bevorstehenden Zugriff durchgesteckt werden und Chatgruppen verschwörerischen Charakter annehmen. Die meisten dieser Soldaten, Polizisten und Zollbeamten stehen dem »Prepper«-Milieu und Reichsbürgern nahe, die sich auf den Tag X vorbereiten, an dem die Multikultirepublik »abgeknipst« werden soll. Der Polizeihistoriker Klaus Weinhauer äußerte die Sorge, die »höhere Affinität zu autoritärem Gedankengut, der Frust darüber, gesellschaftliche Mikroprobleme täglich zu erleben und doch nicht ändern zu können, und die durch die Juridifizierung der Ausbildung begünstigte Vorliebe für einfache Lösungen – all das erhöht auch die Chance, dass Polizisten rechtsradikale Ansichten haben«.[19]

Die Vorfälle zeigen, dass sich das AfD-Milieu nicht auf den »rechten Mob« beschränkt, sondern bis in »gutbürgerliche« Kreise reicht. Das muss ein Weckruf sein, war die Hauptschwäche der Weimarer Republik doch nicht eine Ideologie namens »Extremismus«, sondern die Impotenz der bürgerlichen Mitte. Die deutsche Gesellschaft ist bisher aber nicht so weit nach rechts gedriftet wie andere Demokratien in Europa, von einer bereits »verlorenen Mitte« kann hier keine Rede sein.[20] Eher hat sich die Aversion gegen die Rechte verbreitet, wenden sich bürgerliche Kreise von der AfD und ihrem gruseligen Unterbau ab und stagniert der Zulauf der Nichtwähler. So aufmerksam man die Binnenradikalisierung der AfD mit neonationalsozialistischer Tendenz beachten muss, so wenig kann sie die deutsche Gesellschaft als Ganze bewegen. Wenn sie diesen Eindruck zu erwecken versteht, profitiert sie auch davon, dass sich die »Mitte« intellektuell nicht klar absetzt und ihren Widerspruch nicht deutlicher artikuliert.

Mit Rechten reden

Die im Feuilleton breit ausgewalzte Frage, ob mit Rechten zu reden sei, ist müßig: Was sonst – schweigen, abwenden, zuschlagen? In einer Gesellschaft, die bis zu einem Fünftel und mehr AfD wählt und fühlt, ist es kaum zu vermeiden, auf deren Wähler und Anhänger zu stoßen. Darunter sind Nachbarn und Arbeitskollegen, Mitreisende im Abteil und Vereinskameraden in halb öffentlichen Stammtischrunden, bei denen informelle Kommunikationsregeln gelten. Sie unterscheiden sich von öffentlichen Debatten, die nach der Erfahrung der letzten Jahre in zwei Sorten zerfallen – einvernehmliche Diskurse *über* die Rechte unter deren weitgehender Abwesenheit und polemische, oft chaotische Redewechsel *mit* deren Repräsentanten. Debatten im Bundestag oder einer Stadtverordnetenversammlung zeigen, wie sich Stil und Inhalt einer Debatte unter Anwesenheit der AfD verändern, erst recht gilt das für Talkshows und Bürgerversammlungen. Die »öffentliche Meinung« ist seit 2015 eine andere geworden, aber die Errungenschaft der Meinungsfreiheit darf nicht unter die Räder kommen, da nun fast jedem, der mit einem ausgewiesenen Rechten diskutieren wollte oder diskutiert hat, der Vorwurf entgegenschallt, er habe der Rechten »ein Forum geboten«.[21] Das Auftauchen der AfD demonstriert, wie prekär Meinungsfreiheit in liberalen Gesellschaften ist – manchen ihrer Verfechter reicht es ohnehin, wenn sie unter sich reden können, und gerade das akademisch-universitäre Milieu ist neuerdings durch

Sprech- und Denkverbote und einen grassierenden Konformitätsdruck im Kern gefährdet. Diese Selbstzensur wiegt fast so schwer wie die Destruktion von Öffentlichkeit in AfD-gesteuerten oder -nahen Plattformen.

Eine der wesentlichen Hilfestellungen für das Aufkommen rechter Bewegungen war der bis dahin weniger bewusste Zerfall der (immer schon idealisierten) Öffentlichkeit in »Echokammern«, wo man vornehmlich seinesgleichen sprechen hört und sich einbilden kann, »alle« oder eine breite Mehrheit würde genauso denken wie man selbst. Die Segregation verschärfte sich, indem sich die AfD eigene Informations- und Kommunikationskanäle schuf, um ihren Spin herüberzubringen. Und sie spitzt sich weiter zu, wenn das Vertrauen in die liberalen Printmedien und den öffentlich-rechtlichen Rundfunk erschüttert wird, indem diese pauschal als »Lügenpresse« (Joseph Goebbels) und Quelle von Fake News denunziert werden. Hier wird Meinungsfreiheit mutwillig von denen zertrümmert, die sie exzessiv in Anspruch nehmen und in vielen Beiträgen locker an und über die Grenze zur Volksverhetzung und Beleidigung gehen.

Dennoch muss man reden. Im politischen Feld herrschen »perlokutive Akte« vor: Man redet, um zu überzeugen, umzustimmen, zu verdammen, zu mobilisieren, aus bloßen Worten (die so unschuldig nie sind) »echte« Handlungen zu machen. Politische Sprache zielt in einem besonderen Maße auf Veränderung, auch wo sie den Status quo beschwört. »Mit Rechten reden« muss also differenziert werden: Sind mit »Rechten« (auch keine »unschuldige« Benennung!) Funktionäre und Abgeordnete der AfD, NPD, Pegida usw. gemeint oder deren Anhänger und Mitläufer, eine regional zwischen fünf und 30 Prozent anzusetzende Wählerschaft, oder allgemein Menschen mit bestimmten Vorurteilen und Einstellungen? Adressiert man eine ominöse silent majority oder das noch rätselhaftere allgemeine Volksempfinden? Redet man, um zu überzeugen, »herumzudrehen« und politische Gegner für die bessere Sache zu gewinnen? Oder um eigene Standpunkte klarzumachen, »rote Linien« zu ziehen? Kann man die Grenzen des Sagbaren überhaupt mit Menschen abstecken, die »Unsägliches« behaupten (um es hernach scheibchenweise zu relativieren und bei nächster Gelegenheit zu wiederholen)? Und kann man sich über Wahrheit und Wirklichkeit austauschen mit Personen, die Quellen ohne jede Glaubwürdigkeit heranziehen und denen systematisches Lügen und Verdrehen nachzuweisen ist? Ist die Qualität von Argumenten überhaupt relevant oder zählt in einer politischen Polarisierung eher die Performanz der anderen Seite, ihre Zugehörigkeit zum anderen »Stamm«? Die diskursethisch anspruchsvolle Frage »mit Rechten reden« stellt sich gar nicht, wenn solchen Rechten (oder spiegelbildlich ihren Gegnern) nicht das Mindeste an einem ordentlichen Streit liegt, sondern daran, aus einem Meinungs-Battle als Sieger (oder Märtyrer) hervorzugehen, um den eigenen Rückhalt zu versichern.[22] Mit »Dethematisierung« (Jürgen Habermas) kann nicht die pauschale Verweigerung des Gesprächs »mit solchen Leuten« gemeint sein, sondern der gezielte Themenwechsel weg vom Pawlow'schen Dreieck der AfD (Flüchtlinge – Islam – Sicherheit). Um Verstehen bemüht sich auch, wer eine menschenfeindliche Position in ihrer ganzen Härte zur rhetorischen Konsequenz bringt, nach Brechts Anleitung: »Wem nützt der Satz? Wem zu nützen gibt er vor? Zu was fordert er auf? Welche Praxis entspricht ihm? Was für Sätze hat er zur Folge? Was für Sätze stützen ihn? In welcher Lage wird er gesprochen? Von wem?«[23]

Ein Fallbeispiel wäre der berüchtigte Satz von Beatrix von Storch, der das unklare Geraune zur Flüchtlingspolitik auf die praktisch-politische Ebene gehoben hat, indem sie die Grenzverletzung von Flüchtlingen zum Verteidigungsfall erhob, bei dem bekanntlich geschossen werden darf. Auf die Rückfrage eines Nutzers, ob man etwa Frauen mit Kindern an der grünen Wiese den Zutritt mit Waffengewalt verbieten wolle, antwortete von Storch knapp und klar mit »Ja«.[24] Spielen wir es also durch, statt uns in Empörung zu erschöpfen: »Wem nützt der Satz?« Dem Renommee einer Führungsperson der AfD bei einer auf Krawall gebürsteten Gefolgschaft. »Wem zu nützen gibt er vor?« Dem deutschen Volk (und nur ihm). »Zu was fordert er auf?« Zum Totschlag an geflüchteten Frauen und Kindern. »Welche Praxis entspricht ihm?« Die vorbeugende ethnische Säuberung. »Was für Sätze hat er zur Folge?« Gewaltandrohungen gegen Flüchtlinge, die es über die Grenze geschafft haben. »Was für Sätze stützen ihn?« Das Boot ist voll, wir können nicht alle aufnehmen, ich bin kein Nazi, aber ... »In welcher

Lage wird er gesprochen?« Zum Beispiel in oder nach einer aufgeheizten Talkshow, aber kühl kalkuliert. »Von wem?« Einer Frontfrau der AfD, die bereits durch anderen Klartext aufgefallen war, aber ex post parteiüblich verlauten ließ, sie habe »Mist gebaut« und sei auf der Computermaus ausgerutscht.[25] Stets kommt dann ein vermeintlich gemäßigter Parteifreund zu Hilfe, der das gesagte Unsagbare relativiert, und Kommentare in den Netzwerken und Plattformen, die es verschärfen, weiterdenken, anderen zur Anwendung empfehlen.

Mein Vorschlag zum Diskurs mit Rechten ist also, ihr Denken möglichst konkret bis zur letzten Konsequenz durchzuspielen (oder es berichtigen zu lassen). Wenn Jongen seine Ankündigung der »Entsiffung« zurücknimmt, muss man ihm das nicht abnehmen, aber man kann sich bis auf Weiteres auf die Versicherung beziehen, er wolle die Kunstfreiheit respektieren. Gegen diese Strategie der Konsequenzerzwingung kann man einwenden, es könnte gewaltbereite Personen zur Aktion verleiten. Die Gefahr besteht immer, doch können andererseits auch Menschen, die Migranten nicht im Land haben wollen, vor mörderischen Konsequenzen zurückschrecken, sich verbal mäßigen und von Parteien und Bewegungen Abstand nehmen, wenn ihnen die Fantasien ethnischer Säuberung klar werden.

Ähnlich kann man es mit den Verlautbarungen zur NS-Vergangenheit halten. Der Holocaust ein Vogelschiss? Man lege kühl die Fakten dar. Die Leistungen deutscher Soldaten in zwei Weltkriegen? Man lese Zeugnisse über ihre Taten und Leiden vor. Ein Mahnmal der Schande? Man zeige, wohin Geschichtsklitterung in Polen und Ungarn führt. Wie auch immer das Dilemma bleibt, dass man im Grunde mit erklärten Rechtsradikalen nicht reden kann, einem jedoch keine anderen Mittel zur Verfügung stehen als das vernünftige Argument – das sie wiederum als »fake« zurückweisen können.

Sagen, was ist

Dieses journalistische Motto des Spiegel-Herausgebers Rudolf Augstein aus der frühen Bundesrepublik ist wieder zeitgemäß, da zum einen das Mediensystem frontal als »Lügenpresse« angegriffen wird und zum anderen über soziale Medien systematisch Propaganda, Desinformation und Hetze verbreitet wird.[26] Dabei werden wissenschaftliche Forschungsergebnisse als bloße »Regierungspropaganda« denunziert. Doch fundiert über die Risikoeinschätzung des globalen Klimawandels informieren kann nur die Wissenschaft, politische Entscheider und das Publikum müssen ihrer Objektivität vertrauen. Da die radikale Rechte sich fast durchgängig als Hort sogenannter »Klimaskepsis« entpuppt und dies mit ihrer Propaganda gegen Flüchtlinge verbindet, muss man einem solchen »Meme« informiert entgegentreten: US-Präsident Trump sieht den Grund für das Kommen von Flüchtlingen in die USA in kriminellen Machenschaften und bösen Absichten. Die Forschung macht hingegen auf objektive Fluchtursachen aufmerksam und kann belegen, dass verarmte Bauern in der Trockenzone in Zentralamerika nolens volens zu Klimaflüchtlingen werden. Zertifizierte Institutionen bieten mittlerweile zu allen möglichen Themenbereichen valide Faktenchecks und Argumentationshilfen gegen rechte Irreführungen und Falschinformationen.

Die Meinungs-, Kunst und Wissenschaftsfreiheit haben besonders unter autokratischem Druck zu leiden. Sie zu schützen bzw. wiederherzustellen, ist damit essenziell. Sie sind die sozialen Institutionen, die Wahrheit und Wirklichkeit verbürgen, plausible Szenerien vorlegen und soziale Fantasie und Kreativität hervorbringen. Wissenschaftsförderer und akademische Berufsverbände müssen das weit stärker unterstützen als bisher und sich dabei vor »Politisierung« nicht fürchten.[27] Die Pressionen gegen Lehre und Forschung, gegen Theater und Museen nehmen bereits zu, wo AfD-Aufseher in kommunale Entscheidungs- oder Förderorgane aufgerückt sind. Das Beispiel Ungarn steht vor Augen[28], wo vor allem Gender- und Klima-Forschung ins Visier genommen wurde. Exilierte Forscher aus der Türkei, Ungarn und anderen autokratischen Systemen müssen in Deutschland einen sicheren Hafen finden. Wo auch in EU-Ländern ganze Abteilungen kritischer Forschung stillgelegt werden, sollten Staaten, die die Freiheit der Forschung hochhalten, einen entsprechenden Ausgleich schaffen. Regierungen, die die Freiheit der Meinungen, der Presse, von Kunst und Forschung behindern oder nicht gegen »private« Angriffe schützen, dürfen keinerlei

Fördermittel seitens der EU oder privater Stiftungen mehr erhalten. Es gibt da kein »Ausland« mehr.

Es heißt oft, die »linksliberalen« Medien, zuvörderst die öffentlich-rechtlichen TV-und Hörfunksender, hätten sich ihrerseits in Echokammern verschanzt und Volkes Stimme weder gehört noch laut werden lassen, während der Boulevard, darunter auch die Talkshows der Öffentlich-Rechtlichen, zu einfühlsam sei und das rechte Agendasetting ebenso unterstützt habe. Wohin der leichtfertige Vorwurf, das »Staatsfernsehen« streue Fake News und betreibe Regierungspropaganda, führt, ist im Fall des ORF zu erkennen, der von der FPÖ massiv angegriffen und vom österreichischen Regierungschef Kurz kaum gestützt wurde. Nicht der Abbau des öffentlich-rechtlichen Status darf das Ziel sein, vielmehr dessen Ausweitung auf das Internet, das sich vom Ideal freier und demokratischer Kommunikation immer weiter entfernt hat und besser als bisher gegen Disruption (cyberwar), Desinformation und zielgruppenspezifische Manipulation (targeting) geschützt werden muss.

Die AfD ist eine hochentwickelte Internet-Partei, die Plattformen wie Facebook und Twitter intensiv bedient und eigene Informationskanäle geschaffen hat, mit denen sie »Türsteher« des etablierten Mediensystems, die dort für Qualität, Fairness und Objektivität sorgen, umgehen kann. Die »Qualitätspresse« bei uns hält mit investigativem Journalismus dagegen, ohne solche Auflagensteigerungen zu erleben wie die US-Blätter New York Times und Washington Post, die neben dem Sender CNN den Widerstand gegen

Trump verkörpern. Zur Korrektur von Propagandalügen der Rechten wird das »Prinzip Redaktion« vorgeschlagen, d.h. »der redaktionelle Wille, die Welt zu verstehen, nicht an der Oberfläche zu verharren, sondern Hintergründe zu erforschen und aufzuschlüsseln, sich nicht von Moden oder Stimmungen treiben zu lassen, sondern selbst Schwerpunkte zu setzen, nicht von Ereignis zu Ereignis zu hüpfen, sondern kontinuierlich zu berichten, Strukturen erkennbar zu machen und nicht nur Personal zu beschreiben. Voraussetzung dafür ist eine redaktionelle Diskussionskultur.«[29]

Diverse Formen von Protest, Opposition und Widerstand haben wir Revue passieren lassen: den freitäglichen Schulstreik, Fackelzüge für die Central European University, Streiks und Stilllegungen. Hinzufügen könnte man verschiedene Spielarten von Boykott, wozu die Divestment-Bewegung zählt, die umweltschädlichen Fonds Kapital entzieht, oder das demonstrative Schweigen einzelner Frauen im Iran, die ihren Schleier hochhalten, oder die Massenproteste gegen die Wasserprivatisierung in Lateinamerika und so weiter und so fort. Allein in Deutschland ist jemand, der die samstägliche Spalte »Was macht die Bewegung?« in der taz studiert und ihr nachfährt, jedes Wochenende gut beschäftigt. Wo in zugespitzten Situationen Gehorsamsverweigerung, der Wahlboykott, die Entfernung von Personen- und Ortsmarkierungen und der Aufbau von Parallelinstitutionen in Erwägung gezogen werden müssen, bleiben Gene Sharps Handreichungen aktuell.

Das Protestgeschehen hat sich zuletzt, mit Pegida und den Gelbwesten genau wie mit den Klimastreiks und den Protesten gegen die Urheberrechtsreform der EU, wieder stark auf öffentliche Straßen und Plätze verlegt. Dort treffen sich rechte wie linke Bewegungen, um unerwünschte Entwicklungen zu bekämpfen – hier die Masseneinwanderung, dort rassistische Diskriminierung – und Erwünschtes zu erreichen – hier mehr entschiedener Klima- und Umweltschutz, dort die Restaurierung der christlichen Ordnung, hier mehr EUropa, dort die Zerschlagung der EU, wie wir sie kannten.

Zu übertriebenem Optimismus besteht so wenig Anlass wie zu Fatalismus. Praktiken und Taktiken zivilen Ungehorsams gehören zum Curriculum einer »Politik der Präsenz« urteilsfähiger Zivilgesellschaften. Und da muss man sich nochmals vergegenwärtigen, dass die Deutschen seit 1968 ein verfassungsmäßiges Recht auf Widerstand haben. Die Standarddefinition zivilen Ungehorsams in Demokratien lautet, dass gewaltfrei vom individuellen Gewissen bestimmte Ansprüche im öffentlichen Raum symbolisch an im Kern weiterhin funktionsfähige Institutionen gestellt werden, wobei gesetzwidrige Handlungen nur *ausnahmsweise* und *vorübergehend* erlaubt sind. Zum vernünftigen Argument muss freilich eine Dramatisierung, zum symbolischen Akt die reale Konfrontation kommen, damit ziviler Ungehorsam nicht als moralischer Appell verhallt. In radikaldemokratischer Sicht wird so nicht bloß der liberale Status quo ante wiederhergestellt, sondern die Demokratie auf eine neue Stufe gehoben.[30] Der Grad legitimer politischer Legalitätsbrüche korrespondiert mit dem Grad der Verletzung bzw. Bedrohung der demokratischen Institutionen. Für den lange undenkbaren Fall, dass auch in einem Land wie Deutschland alle Abwehrversuche scheitern könnten, ist als Ultima Ratio auch die gewaltsame Auflehnung gegen eine Diktatur legitim. Bei diesem Gedankenexperiment möge es unbedingt bleiben.

AUSBLICK: WIE MAN AUTOKRATEN LOSWIRD

Das Wesen der Zukunft ist Folgendes:
Alles kann passieren.

Viktor Orbán

Die vergleichende Inspektionsreise durch fünf gefährdete Demokratien hat gezeigt, wie stark Autokraten der Welt ihren Stempel wieder aufdrücken konnten. Überall sind der Rechtsstaat und der öffentliche Sektor angeschlagen, werden Moral und Sittlichkeit verletzt, sind selbst Familienbande und Freundeskreise vom Spaltpilz infiziert. Andersdenkende und Minderheiten werden zu Feinden des Volkes erklärt, in der Türkei und in Russland kann man sich Nachstellungen oft nur noch durch Exil oder innere Emigration entziehen. Autoritär regierte Staaten verschanzen sich in der Wagenburg und zerreißen internationale Abkommen und Regeln, am Horizont stehen ohne Übertreibung Bürger- und Staatenkriege. Der »W-Punkt« – der rechte Moment, um entschieden Widerstand zu leisten – ist dort erreicht, und man begreift, wie dünn der Schutzfirnis der Demokratie war.

Aber die Tour d'horizon durch verschiedene Formen autokratischer Herrschaft und Demokratiebedrohung weckt auch Hoffnung: Nirgends hat der Angriff bisher totalitäre Ausmaße angenommen, Opposition, Protest und Widerstand bleiben lebendig. Wie so oft hat der Vergleich eine entdramatisierende Wirkung: Es geht etwas, und was an einer Stelle gelungen ist, kann auch an einer anderen klappen. Je selbstherrlicher die Spitze agiert, desto brüchiger wird sie auch. Flügelkämpfe, Affären und Skandale, nicht eingehaltene Versprechen, peinliche Kontrollverluste – so verlieren die scheinbar Omnipotenten rasch ihr fades Charisma und ihren Nimbus, wie Erdoğan am Abend der verlorenen Istanbuler Kommunalwahl und der todkranke, in seinem Rollstuhl fast erbarmenswürdige algerische Diktator Abdelaziz Bouteflika. Auch der so selbstsichere Viktor Orbán wirkt auf manche Anhänger schon wie ein Film mit Überlänge.

Hoffnungszeichen

In Russland ist es eine lokale Protestzone an der Peripherie, die unter dem vom Regime ausgebreiteten Deckmantel eines »einigen Russlands« und vor der Kulisse einer selektiven Einschüchterung (politischer Mord inklusive) eine erstaunliche Rebellionslust an den Tag legt. Im Reich des selbst ernannten türkischen Sultans, der sich und seine AKP in mehreren Wahlen akklamieren ließ, ist eine Art postkemalistischer Erneuerung in Gang gekommen, eine Rückbesinnung auf die Grundlagen der demokratischen

Republik, jetzt unter Einbeziehung der nicht zuletzt durch die AKP selbst eingeleiteten Liberalisierung. Die in Europa lebenden Auslandstürken sind der schlafende Tiger, den man für eine neue Türkei in Europa begeistern muss. Analog gilt das für die jungen, im westlichen Ausland lebenden Ostmitteleuropäer. In Ungarn und Polen wird die ethnonationalistisch oder politisch-religiös begründete Revision der europäischen Integration durch eine unbeeindruckt proeuropäisch gestimmte Opposition konterkariert und durch die EU negativ sanktioniert, wenn auch bisher viel zu zaghaft und widersprüchlich. Schließlich haben in der durch die »Trumpokratie« wohl am stärksten bedrohten klassischen Demokratie der Vereinigten Staaten verschiedenste zivilgesellschaftliche Akteure die Resistance ausgerufen, deren Forderungen die demokratische Kongressopposition zu bündeln sucht, um Trump 2020 ablösen zu können. Mit Pete Buttigieg, Kamala Harris und Julian Castro stehen junge Bewerber ums Weisse Haus 2020 oder später bereit.

Hoffnung machte nicht zuletzt der Aufstand in Algerien.[1] Als der Präsident und seine Kamarilla noch eine weitere Amtszeit ankündigten, hatte die algerische Jugend – sie stellt die Mehrheit im Lande – endgültig genug. Es brach ein veritabler algerischer Frühling aus. Entschlossen gingen Hunderttausende auf die Straßen, trotzten dem Risiko eines neuen Gewaltausbruchs – der Wiederholung von 1988, als ein mörderischer Kampf zwischen Islamisten und Militärs ausbrach, dessen traumatische Erinnerung den »Arabischen Frühling« 2012 an Algerien vorbeiziehen ließ. Nun aber steht die Neugründung der demokratischen Republik an. Auch wenn die Gefahr des Rückschlags bleibt (man denke an Venezuela und den Sudan), ist die algerische Opposition ein Vorbild zivilen Ungehorsams, der fröhliche Entschlossenheit mit satirischer Verspottung der Macht und konstruktiver Programmatik verbindet. Von diesem »constitutional moment« an der europäischen Peripherie könnte sich der Widerstand gegen autokratische Tendenzen in EU-Ländern eine Scheibe abschneiden.

Hoffnung machte ebenso die Antwort Macrons auf den Gelbwesten-Protest in Gestalt einer »großen Debatte«, die Tausende von Franzosen einbezog und auch jenen eine Perspektive bietet, denen schon alles sch...egal ist. Mit Bürgern reden, ihr Wissen einholen und respektieren: In Reaktion auf das massive Auftreten der Gelbwesten in Frankreich regte der von ihnen attackierte Staatspräsident Macron einen frankreichweiten Gesellschaftsdialog an. Unter dem Titel Grand débat national fand zwischen Dezember 2018 und März 2019 eine Serie von Debatten in jeder neunten Gemeinde Frankreichs statt, vor allem außerhalb der urbanen Agglomerationen. Intendiert war »la parole aux Francais«, das Rederecht für Normalbürger. Als historisches Vorbild dienten die aus dem Ancien Régime und den Vorjahren der Französischen Revolution überlieferten Cahiers de doléances: Darin legten alle Stände, vor allem der unzufriedene Tiers Etat, Beschwerde ein über Ungerechtigkeiten der Monarchie und über miserable Lebensumstände der Zeit, oft gemeinsam nach der Sonntagsmesse. Modern gesprochen war das ein Instrument der Selbstaufklärung von unten und der kollektiven Erörterung des Reformbedarfs eines Herrschaftssystems, das sich öffnete (allerdings am Ende doch revolutionär überwunden wurde, weil diese Öffnung zu spät kam). Insofern war es bemerkenswert, dass der schon als »Jupiter« apostrophierte Präsident dieses Mittel in einer Lage einsetzte, die auch neutrale Beobachter als »vorrevolutionär« einstuften. In einem »Brief an die Franzosen« schlug er Themen für die Debatte vor: Steuern, ökologischer Wandel, Demokratie und Bürgerschaft, Staatsorganisation. Ein Online-Forum wurde gestartet, weitere Themen wie Immigration, innere Sicherheit und die Lage der Peripherie benannt. In den anschließenden Townhall-Meetings waren Macron und seine Minister nebst Dutzenden Bürgermeistern über mehrere Stunden hinweg persönlich präsent, meist als schweigende Zuhörer. Für die Neutralität und den regulären Ablauf der Debatte sorgten Fachleute und Moderatoren. Deren Neutralität und Objektivität wurde durch Sprecher der Gelbwesten bestritten, die eine eigene Website aufzogen, ebenso die christlich-homophobe Bewegung »Manif pour tous«. Doch überwogen positive Feedbacks und die Zufriedenheit damit, dass eine solche Debatte überhaupt zustande gekommen war.

Das von selbst ernannten Volkstribunen wie Marine Le Pen stets als von den Eliten verachtet bezeichnete Volk konnte sich ernst genommen fühlen. Es bleibt die Frage, was mit den Ergebnissen der Konsultation geschieht, die auf Dauer gestellt und professionell auf allen Ebenen des politischen Systems organisiert werden müsste.[2] Nach den Vorstellungen Macrons sollte dieses Experiment als transnationale Europa-Debatte organisiert werden, was in Deutschland leider nicht aufgegriffen wurde. Hier hatte die proeuropäische Basisbewegung »Pulse of Europe« vor der Europawahl kleine »Hausparlamente« ausgerichtet, die im privaten Kreis europapolitische Kontroversen erörtert haben. Das Instrument der Europäischen Bürgerinitiative (EBI) ist kompliziert und kaum bekannt, könnte aber mit leichterem Zugang Nachdenklichkeit und Tiefgang in der ungut polarisierten öffentlichen Debatte fördern und dem Ansturm von rechts eine echte Beteiligung und inhaltliche Alternativen entgegenstellen. In diesem Sinne hat der französische Umweltminister François de Rugy 150 zufällig ausgewählte Bürgerinnen und Bürger einberufen, um über die Ausgestaltung der Klimapolitik zu beraten und entsprechende Vorschläge zu deponieren.

Marine Le Pen bleibt stark. Erneut erlebt Frankreich eine Konfrontation zwischen den liberalen Kräften, die für eine offene Gesellschaft in Europa eintreten, und verbohrten Nationalisten, die zurück in eine idealisierte Vergangenheit französischer Grandeur streben. Nicht nur in Frankreich läuft der Wahlkalender der nächsten Jahre auf einen solchen Showdown hinaus, bei dem zu beweisen ist, dass die Rechte numerisch wie kulturell nicht »das Volk« ist und keine Mehrheit hat. Doch damit ist es nicht getan. Denn der Aufstieg der Autokraten beruht auf strukturellen Defekten der »Postdemokratien« und hat eine tiefere Ursache in der krisenhaften Entwicklung des globalen Kapitalismus, die schwere soziale Verwerfungen hinterlassen hat, von denen die extreme Rechte massiv profitiert hat.

Dies wird befördert durch neue Machtkonzentrationen in Gestalt der »Big Five« (Google, Amazon, Facebook, Apple und Microsoft), vom Social Monitoring chinesischen Typs[3] ganz zu schweigen. Um es zu personalisieren: Facebook-CEO Mark Zuckerberg und Ren Zhengfei, der Präsident der Huawei Technologies, stellen für die liberale Demokratie wohl die größere Gefahr dar als Donald Trump und Viktor Orbán (oder gar die AfD). Die sich regende Opposition gegen Machtkonglomerate entzündet sich derzeit mehr an staatlicher Regulierung und Zensur als an privat-kommerziellen Akteuren. Dabei hingen nie zuvor so viele Menschen an einer »privaten« Informationsquelle (Facebook hat 2,3 Milliarden tägliche User), nie waren die Informationsflüsse derart vulnerabel, und nie standen (niedrigste) Gefühle so hoch im Kurs. Die »Nutzer« haben zu allem eine Meinung, sind aber nicht informiert – eine tödliche Mischung für demokratische Kommunikation.[4]

Doch immer wieder erlebt das Internet gute Momente politischer Meinungsbildung – als genau der »Marktplatz der Ideen«, als der es einmal gutwillig-libertär gedacht war, darunter waren Sternstunden von Opposition, Protest und Widerstand. Weit öfter und systematischer half allerdings die privat-staatliche Datenkrake bei deren Unterdrückung und bildet sie mit der gezielten Attacke auf verletzliche

Demokratien durch Propaganda, Manipulation und Cyber-angriffe selbst eine autokratische Macht. Die zunehmend asozialen Medien müssen durch gesetzliche Regulierung, Entflechtung der Datensammler und zivilgesellschaftliche Selbstkontrolle zivilisiert werden, damit ihr demokratie-freundliches Potenzial zum Tragen kommen kann.

Nicht rechts, nicht links?

Damit wenden wir uns den Chancen der im Weitesten »lin-ken Mitte« zu, die seit Jahren recht hilflos zugeschaut hat, wie ihre Einflussmöglichkeiten schwanden und wie sie zum Objekt von Häme und Hass, Nachstellung und Verfolgung wurde. Die demokratischen Kräfte, oft in heilloser Konkur-renz zwischen »liberal« und »links« befangen, müssen in die Offensive gehen und ihre Gemeinsamkeiten gegen »rechts« herausstellen. Externe Faktoren können dabei zu Hilfe kommen. Der demografische Wandel bringt am einen Ende unzufriedene Rentner, am anderen Ende junge Erwachsene hervor, die ihre Zukunft gefährdet sehen. Und da ist immer noch die Sanktionsgewalt internationaler Organisationen wie der Europäischen Union gegen Verletzungen der Men-schenrechte und Beschneidungen von Bürgerrechten, die auf der Einhaltung internationaler Konventionen und Ver-träge bestehen. Dass Autokraten als narzisstische Persön-lichkeiten vom Volk geliebt und bestätigt werden möchten, ist auch ihre Achillesferse: Aus Gier nach plebiszitärer Be-stätigung stellen sich ihre Parteien immer wieder zur Wahl und können selbst, wo jede Fairness aufgegeben wurde, *verlieren*.

Autokraten und autoritäre Bewegungen verfügen zwar über beachtlichen Rückhalt in der Bevölkerung, aber sie besitzen keine echten und stabilen Mehrheiten. Ihre Macht beruht oft auf älteren Defekten des politischen Systems und vor allem darauf, dass die Flügel der Opposition sich nicht zum gemeinsamen Höhenflug aufschwingen. Es mag den »ideellen Gesamtautokraten« (S. 45) geben, eine »ideelle Gesamtopposition« fehlt. Denn es gibt nicht nur den Gegensatz von Autokratie und Demokratie, sondern auch den Riss innerhalb des »demokratischen Lagers«, das so gut wie überall in Bezug auf die strategische Frage schwankt, ob es ein radikal-progressives Gegenprogramm aufbieten oder besser Raum in der Mitte schaffen soll für nachdenklich gewordene Konservative, denen die autoritäre Deformation zu weit gegangen ist. Das Dilemma ist, dass Anpassung nicht belohnt wird, für eine radikale Zäsur aber meist der breite Zuspruch fehlt. Da Mehrheiten nur mit Rücksicht auf »Brot und Butter«-Anliegen im Hinterland erreichbar sind und weniger mit der Kultivierung weltanschaulich-kultureller Differenzen in urbanen Zentren, kommt Opposition einer Quadratur des Kreises nahe. Ihre aktivsten Kräfte sind üblicherweise in jenen Milieus zu finden, gegen die Demagogen und Volkstribune am leichtesten Ressentiments zu wecken verstehen.

Von solchen Feinderklärungen lebt die autoritäre Massenmobilisierung via Fernsehen, Boulevardpresse und soziale Medien. Mehr Erfolg versprach zuletzt die direkte Ansprache von Haustür zu Haustür und natürlich die intelligente Nutzung sozialer Netzwerke durch und für jüngere Zielgruppen. Die Autokraten zielen auf den Konformismus der »einsamen Masse« (David Riesman); der Vorteil der Opposition liegt in der Verankerung in der lebendigen Bürgergesellschaft – und im beherzten Themenwechsel zu den Projekten hin, die in eine bessere Zukunft weisen. Dafür muss das gerissene Band zwischen Civil Society und Parteiendemokratie repariert werden, da ohne einen solchen Transmissionsriemen linke und liberale Parteien kaum noch Schwung nehmen und ohne den »Marsch in die Institutionen« auch die Aktivsten am Ende nicht viel erreichen können.[5]

1985 gab der Buchtitel »Neue Unübersichtlichkeit« (einer Essaysammlung von Jürgen Habermas) der Irritation Ausdruck, wie stark innen- und außenpolitisch gewohnte Koordinaten schon verrückt und die Gewichte nach rechts in einen »neoliberalen Autoritarismus« (Stuart Hall) verschoben waren. Sozialwissenschaftler hatten in der Vergangenheit Klarheit zu schaffen versucht, indem sie Gesellschaft und Politik in übersichtliche Vierfeldertafeln einteilten, denen man anhand empirischer Indikatoren soziale Spaltungen und politische Konflikte zuordnen konnte. Solche Cleavages (zu deutsch: Konfliktlinien oder Bruchkanten) trennten Bewusstseinslagen, Werthaltungen und Einstellungsmuster, politische Orientierungen und Parteiensysteme.[6] Altüberkommen sind vier davon in historischer

Abfolge: In der Epoche der Nationenbildung entwickelte sich das Gefälle von Zentrum und Peripherie, nach den Religionskriegen standen einander religiöse und säkulare Strömungen gegenüber, mit der Urbanisierung vertiefte sich das Gefälle zwischen Stadt und Land, und im Industriezeitalter (bzw. in der Ägide des Wohlfahrtsstaats) dominierte der Konflikt zwischen Kapital und Arbeit (bzw. Staat versus Markt). Diese grobe Zeichnung ließ immer schon kulturelle und regionale Unterschiede unberücksichtigt, aber sie bleibt selbst in heutigen »Auseinander-Setzungen« noch erkennbar: im Aufstand von Katalanen, Schotten, Kurden und anderen Regionalisten gegen ihre Zentralregierungen, in der sich öffnenden Schere zwischen einkommensstarken urbanen Eliten und dem Hinterland, im Streit um Abtreibung und Homosexuellenehe, nicht zu vergessen im Verteilungskonflikt um Einkommen, Arbeit, Wohnraum, Lebenschancen und Sicherheit im Alter.

Die Parteiensysteme liberaler Demokratien blieben diesen altehrwürdigen Weltanschauungs- und Verteilungskonflikten verhaftet und gaben ihnen eine politische Form. Doch verblasst unterdessen die vom frühen 19. Jahrhundert an prägende Polarität zwischen Rechten und Linken. Den kecken Wahlspruch »ni droite ni gauche« haben sich verschiedenste Akteure auf die Fahnen geschrieben, von faschistischen Strömungen im frühen 20. Jahrhundert über die Ökologiebewegungen der 1970er-Jahre bis zu jüngeren Bewegungsparteien wie »Republique en marche«. Die sozioökonomische Konfliktlinie bleibt auch bei ihnen virulent, da Ungleichheit und Ungerechtigkeit bzw. Umverteilung und Solidarität weiterhin Proteste und Gesetzgebung motivieren. Aber vor allem die Ökologiebewegung hat postuliert, dass Umweltprobleme weder links noch rechts bewältigt werden können, und siedelte sich selbst deswegen selbstbewusst »vorn« an – als Avantgarde in einem postindustriellen Konfliktfeld, das dem neuzeitlichen Gesellschaftsvertrag einen »Naturvertrag« (Michel Serres) bei- oder überordnet. Analoge Korrekturen hatte zuvor die Frauenbewegung angebracht, die Gleichheitsforderungen der Linken auf die Geschlechterebene bezogen hat, aber mit der Kritik des Patriarchats die ganze kulturelle Ordnung infrage stellte. Verteilungsfragen bleiben in der Forderung nach gleichen Löhnen für gleiche Arbeit aktuell, aber die Bestreitung männlicher Dominanz tangiert Fundamente der Gesellschaft als Ganzes.

So begann schon eine tektonische Verschiebung, die die klassisch-moderne Übersichtlichkeit infrage stellt. Indem Umweltschützer und Feministinnen *neue* soziale Bewegungen ermunterten, bauten sie eine *kulturelle* Konfliktlinie in das Schema ein, die man jenseits von rechts und links (R-L) mit dem Gegensatzpaar »autoritär« versus »libertär« (A-L) bezeichnen kann. Dabei steht ein scheinbar gesichertes religiöses Erbe gegen säkulare Pluralität, Mono- gegen Multikulturalität, Law & Order gegen den Primat individueller Entfaltung und eine patriarchale Familienpolitik gegen die Gleichheit der Geschlechter. Vergleichende Untersuchungen zum Wertewandel belegen einen weltweiten Anstieg postmaterieller Einstellungen. Die Rechts-links-Polarität ist damit, noch einmal, nicht passé, soziale Chancengleichheit und der Reform des Wohlfahrtsstaats sind gerade in der Ära marktradikalen Denkens ungebrochen relevant. Doch muss das nun besser ins Verhältnis gesetzt werden zu Spaltungslinien zwischen den Polen individueller Freiheit und traditioneller (Staats-)Ordnung, Ethnonationalismus und Multikulturalismus, säkularer und religiöser Ordnung. Das ergibt die besagte »unübersichtliche« Konfiguration sich überkreuzender Spaltungslinien und Wechselwirkungen. Die »catch-all parties« (Volksparteien) innerhalb der europäischen Parteienfamilien können sie nicht mehr einfassen, womit fast logisch nationalistische, grüne und auch Ein-Themen-Parteien hervortreten. Konventionelle Wähler richten sich »loyal« an den alten Eckpfeilern aus, ansonsten gibt es ein regelrechtes politisches »Bäumchen wechsel dich«-Spiel. Lange als sekundäre »single issues« eingestufte Komplexe wie der Umweltschutz erhielten mit der Brisanz des Klimawandels und des Artensterbens hohe Dringlichkeit, die die Verteilungsfragen – die Domäne der Linken – relativiert und auch Aspekte des »Lebensschutzes« – ein konservatives Hauptanliegen – in einem anderen Licht erscheinen lässt. Parallel dazu belebten sich mit der Renaissance des Nationalismus überwunden geglaubte rassistische und weiße Überlegenheitsvorstellungen und Reconquistaprogramme eines christlich(-jüdischen) Kulturkreises im Konflikt mit dem Islam. Die Pointe ist, dass völkisch-autoritäre Bewegungen wie z.B. in Deutschland die AfD auch vehemente Gegner des Umwelt- und Klimaschutzes und Verteidiger des Industriemodells sind, was nun grüne Parteien, jedenfalls in Deutschland, zu deren Hauptantagonisten macht. Der »A-L-Querstrich«, der die R-L-Achse durchkreuzte, wird mit einer Drehung um 45 Grad somit selbst zur Hauptachse.

Selten in die Architektur der Spaltungslinien einbezogen wird das Generationsverhältnis, wo die Formationen ebenfalls in Bewegung geraten sind. Generationen sind die einzige rein temporale Form der Vergesellschaftung, die Alterskohorten, vor allem in der Jugend, mit gemeinsamen Erfahrungen und Erwartungen locker verbindet – locker, weil junge Protestbewegungen sich immer wieder einmal gegen »die Alten« stellten, aber explizite Jugendparteien (auch Fidezs war mal eine ...) selten von Dauer waren bzw. sich heute eher als Satire- und Piraten-Parteien ausformen. Es mag sein, dass die am Megathema Klimawandel und Artensterben entzündete Jugendbewegung Fridays for Future eine generationelle Konfliktlinie aufwirft, deren Politisierung und Parteiorientierung offen ist.[7]

Wenn Jüngere zuletzt in großer Zahl Umweltschutz und Europäisierung, Antiautoritarismus und Multikulturalität favorisierten, stehen progressive Parteien vor der Herausforderung, flüchtige Einstellungen zu bündeln und in ein politisches Projekt »jenseits von rechts und links« umzumünzen. Ein Strategiepapier der Friedrich-Ebert-Stiftung empfahl jüngst der besonders gebeutelten Sozialdemokratie eine »middle of the road«-Strategie zwischen

»Macronismus« und »Corbynismus«, etwa in der Art mittel-und nordeuropäischer Parteien.[8] Das dürfte nicht ausreichen, um die Linke in Europa (bzw. in den USA zwischen »Sanderismus« und »Bidenismus«) zu retten, geschweige denn zu erneuern. Die Linke denkt weiter in Kategorien der (Um)verteilung und Anwartschaft, die im klassischen Wohlfahrtsstaat stets national begrenzt (und intellektuell beschränkt) waren, als sei der Nationalstaat das Ende der Geschichte. Diese Engstirnigkeit teilt sie mit der Rechten, die den irreversiblen Steuerungsverlust des Nationalstaats mit einem retrograden Nationalismus zu kompensieren trachtet. Auf der anderen Seite haben die Liberalen soziale Ungerechtigkeiten viel zu lange als unvermeidbare Begleitmomente globalisierter Ökonomien verharmlost und Sicherheitsbedürfnisse ignoriert. Auch dieses Versäumnis hat autokratische Tendenzen erheblich unterstützt.

Letztlich hängt das Überleben der Demokratie (auch sie muss – leider – nicht das Ende der Geschichte sein!) am meisten ab von der – ein starker Terminus – *Einkehr* der politischen Rechten. Wie vor gut 100 Jahren steht sie an der Wendemarke, an der sie entweder erneut in den offenen Faschismus abgleitet oder sich mit der liberalen Moderne versöhnt. Einen solchen Schritt haben europäische und einige südamerikanische Christdemokratien in Reaktion auf die Kompromittierung des Konservatismus getan. Nach dem Zweiten Weltkrieg wurden Mechanismen des parteiübergreifenden Zusammenwirkens (Konkordanz) in das politische System eingebaut, die eine möglichst große Zahl politischer Akteure einbezog.[9] Damals ging es um Fragen der wohlfahrtsstaatlichen Verteilung im nationalen Maßstab, der angesichts planetarischer Herausforderungen der Umweltkrise zu eng geworden ist. Konsens, Kompromiss und Konkordanz sind, wie wir an allen Fallbeispielen gesehen haben, in der gegenwärtigen Polarisierung zerfallen. Wenn aber, wie Viktor Orbán so klug bemerkte, die Zukunft offen und alles möglich ist, dann ist nicht nur die Isolierung und Marginalisierung der Neuen Rechten möglich, sondern auch eine neue Form der Konkordanz im Blick auf diese planetarischen Probleme denkbar, die lange überfällig ist und von den einschlägigen Protestbewegungen gerade so deutlich gefordert wird.

Der Thunberg-Effekt

Dieser Effekt besteht nicht darin, dass der Klimaschutz ein »Thema« geworden ist – das ist er für Eingeweihte und Aufmerksame seit der ersten Weltklimakonferenz 1979 und dem Kyoto-Protokoll 1996, für alle Welt seit dem Klimagipfel in Kopenhagen 2009.[10] Der Effekt des zivilen Ungehorsams von Fridays for Future besteht in der Dringlichkeit, die der Umweltpolitik »nun aber wirklich« verliehen wird, zum einen durch den nachhaltigen Straßenprotest, zum anderen durch die angesprochenen Verschiebungen in den Parteisystemen. Beides führt den politischen Eliten vor Augen, dass sie mit business as usual und der bloß rhetorischen Besetzung des »Themas« nicht mehr ungeschoren davonkommen werden. Der Schutz des Klimas und der Biosphäre, ja die Erarbeitung eines konkret-utopischen Natur(gesellschafts-)vertrags, ist *die* Herausforderung, historisch im Rang der klassischen Arbeiter- und Frauenbewegungen, und es wäre Zeit, dass rechts- wie linksidentitäre Strömungen, diesen Wandel verstehen. Die Pointe des Widerstands gegen rechts ist, eben durch den Thunberg-Effekt, dass dieser letztlich zum Widerspruch gegen die Führungskräfte und Leitideen der industriellen Moderne führt, während völkisch-autoritäre Nationalisten vor allem als die Kräfte identifiziert werden können, die sich dem fälligen Wandel entgegensetzen und die Lebenschancen heute lebender Menschen und künftiger Generationen mutwillig aufs Spiel setzen. Dafür gehören wie, auch im wahrsten Sinne des Wortes, auf die Anklagebank.

Dort saßen sie metaphorisch im berüchtigten Video des Youtubers Rezo »Zerstörung der CDU«. In einem gut begründeten Vergleich mit dem »Hessischen Landboten« von 1834 stellte ein Büchner-Forscher fest, beide, Georg Büchner wie Rezo, seien »nicht sonderlich interessiert, mit den Regierenden zu reden. An dem, was die Regierenden sagen, ist gar nicht so viel auszusetzen. Es mangelt an Taten, nicht an Worten.«[11] Entscheidend ist der neue Tonfall der (heute virtuellen) Flugschriften: Wie Büchner die Kanzleisprache des frühen 19. Jahrhunderts ablegte und die Alltagssprache wählte, lösen Youtuber mit ihrem aus der populären Kultur der Straße und der Klubs entnommenen Klartext die juridifizierte Sprache der Entscheider und den verstellten Jargon der Berufspolitik ab. Darin wird ein neuer Strukturwandel der politischen Öffentlichkeit sichtbar.

Der Fokus des Widerstands verlagert sich am Ende vom (notwendigen!) Antifaschismus auf die ökologische Aufklärung, hoffentlich auch vom scharfen Antagonismus gegen rechts zum inklusiveren Muster einer Konkordanz neuen Typs. Liberale Demokratien beruhen auf einem (durch Meinungskonflikte herbeigeführten!) Konsens, auf parlamentarischen Kompromissen und der begrenzten Kooperation der Parteien und Verbände. Dieses Zusammenwirken muss nicht formell institutionell ausgeprägt sein wie in deklarierten Konkordanz- oder gar Proporzdemokratien, aber die extreme Rechts-links-Polarisierung kann durch einen »ökologischen Pol« aufgehoben werden, der namentlich beim Klima- und Artenschutz (einem echten Notstandsthema!) zu einvernehmlichen Lösungen ohne »faule« Kompromisse vordringt.[12] Da beides eine außen- und sicherpolitische Dimension hat, beinhaltet dies die Erneuerung des liberalen Internationalismus gegen alle »Country first«-Bestrebungen und eine Rekonstruktion der multilateralen Netzwerke. Aus der von Fridays for Future mit guten Gründen ausgemalten Klimakatastrophe erwächst so womöglich die Wende zu einem kreativen unternehmerischen und sozialen Handeln für eine nachhaltigere Zukunft.

ANMERKUNGEN

Für häufig verwendete Zeitungen und Zeitschriften wurden Abkürzungen verwendet:
AP: The American Prospect, APUZ: Aus Politik und Zeitgeschichte, CA: Current Affairs, FA: Foreign Affairs, FAZ: Frankfurter Allgemeine, FR: Frankfurter Rundschau, GMF: Germen Marshall Fund, IPG: Internationale Politik und Gesellschaft, JoD: Journal of Democracy, NY: The New Yorker, NYRB: New York Review of Books (Daily), NYT: New York Times, NZZ: Neue Zürcher Zeitung, OD: Open Democracy, PA: Polenanalysen, RA: Russlandanalysen, SE: Social Europe, SWP: Stiftung Wissenschaft und Politik, SZ: Süddeutsche Zeitung, WP: Washington Post. Alle URL wurden zuletzt am 1.7.2019 aufgerufen.

Griff nach der Notbremse. Ein Vorwort

1. Tagesspiegel 20.12.2018, W. Kraushaar, Stockholm 2018, Mittelweg 1–2/2019, 189 ff.
2. Interview Hannah Elshorst, taz 20.–22.4.2019
3. Der Verfasser war Co-Autor des WBGU-Sondergutachtens »Klimaschutz als Weltbürgerbewegung« (2014) und hat 2019 die Erklärung »Scientists for Future!« unterzeichnet.
4. A. Carius/S. Schaller, Rechtspopulismus und Klimapolitik in Europa, Berlin 2019
5. St. Levitsky/D. Ziblatt, Wie Demokratien sterben, München 2018, D. Runciman, How Democracies Die, New York 2019. Daten in: Global Barometer Surveys. Exploring Support for

Democracy Across the Globe, Taipei, Juni 2018, und R. Kleinfeld/D. Solimini, What Comes Next? Lessons for the Recovery of Liberal Democracy, Washington 2018.

6. S. Stein/M. Zimmermann, FAZ 31.5.2019

7. Das so einfache wie ingeniöse Konzept von Exit, Voice and Loyalty von Albert O. Hirschman (dt.: Abwanderung und Widerspruch, Tübingen 1974) dient im Folgenden als Stütze weiterer Überlegungen.

8. H. Holländer in: Ch. W. Thomsen/ders., Augenblick und Zeitpunkt. Darmstadt 1984, 18f.

9. Anregend Martina Abramovic, The Artist is Present, hrsg. von K. Biesenbach London 2010

Es ist hier geschehen

1. D. Sterzel (Hg.), Kritik der Notstandsgesetze, Frankfurt a.M. 1968

2. Konkret 5/1968, S. 5. Der Brecht zugeschriebene Sinnspruch lautet: »Wo Unrecht zu Recht wird, wird Widerstand zur Pflicht«. Das folgende Zitat Spiegel 25/1970

3. Th.v. Waldstein, Die entfesselte Freiheit, Schnellroda 2017. Waldstein steht der NPD nahe, die 1969 nach dem knapp verfehlten Einzug in den Deutschen Bundestag die außerparlamentarische »Aktion Widerstand« startete, mit Parolen wie »Volksverräter an die Wand«, »Deutsches Land wird nicht verschenkt – eher wird der Brandt gehängt«.

4. 1,5 Millionen Syrien-Flüchtlinge 2015 stellten mit 0,2 Prozent der EU-Bevölkerung kein derart gravierendes Problem dar, wie es manche Fernsehbilder und die Agitation von rechts suggerierten. Die Zahl der nach Europa eingewanderten Personen ist seit 2015 im ständigen Rückgang auf 144.000 (2018), https://migration.iom.int/europe?type=arrivals

5. St. Detjen/M. Steinbeis, Die Zauberlehrlinge: Der Streit um die Flüchtlingspolitik und der Mythos vom Rechtsbruch, Stuttgart 2019

6. F. Schiller, Geschichte des Abfalls der Vereinigten Niederlanden, 1788

7. Provokant L. Fritze, Legitimer Widerstand? Der Fall Elser, Berlin 2009, dagegen W. Benz, Im Widerstand. Größe und Scheitern der Opposition gegen Hitler, München 2019, 152ff.

8. K. Roth/B. Ladwig, Recht auf Widerstand? Ideengeschichtliche und philosophische Perspektiven, Potsdam 2006, 46, M. Tiedemann/L. Eisleb, Recht auf Widerstand. Zur Theorie politischer Verweigerung, Stuttgart 2018

9. Den Missbrauch der Stauffenberg-Gruppe als »Aufstand des Deutschtums gegen Hitler« durch AfD/Pegida-Kreise hat M. Probst in der Zeit 43/2016 dargestellt.

10. Th. Karlauf, Stauffenberg. Porträt eines Attentäters, München 2019, L. v. Keyerlingk-Rehbein, Nur eine ›ganz kleine Clique‹?, Berlin 2018 s.a.: Sophie von Bechtolsheim, Stauffenberg, Mein Grossvater ..., Freiburg 2019

11. H. Arendt, Nach Auschwitz. Essays und Kommentare 1, Berlin 1989, 81–97, 93

12. K. Schönhoven zit. n. C. Rieber: Politischer Widerstand in der NS-Diktatur, in: Politik und Unterricht, 2/1994, 3f.

13. exemplarisch: A. Borgstedt u.a. (Hg.), Mut bewiesen. Widerstandsbiographien aus dem Südwesten, Stuttgart 2017

14. Zit. n. Th. Schnabel, »Die Republik dem Volke nahebringen, ohne große Worte zu machen«. Eugen Bolz als württembergischer Minister und Staatspräsident, in: Haus der Geschichte Baden-Württemberg (Hg.), »Man muss Gott mehr gehorchen als den Menschen«, 39f.

15. S. Lichtenstaedter: Prophet der Vernichtung. Über Volksgeist und Judenhass mit begleitenden Essays von G. Aly, Frank-

furt a.M. 2019, s.a. »Stadt ohne Juden«, ein österreichischer Stummfilm von 1924 nach dem zwei Jahre zuvor erschienenen gleichnamigen Roman von Hugo Bettauer, sowie Centralverein deutscher Staatsbürger jüdischen Glaubens (Hg.), Anti-Anti. Tatsachen zur Judenfrage, Berlin 1932 (dazu K. Hillenbrand, taz 27./28.4.2019)

16. I. Deák, Kollaboration, Widerstand und Vergeltung im Europa des Zweiten Weltkriegs, Wien 2017; G.R. Ueberschär (Hg.), Handbuch zum Widerstand gegen Nationalsozialismus und Faschismus in Europa 1933/39 bis 1945, Berlin 2011

17. C. Leggewie mit A. Lang, Der Kampf um die Erinnerung. Ein Schlachtfeld wird besichtigt, München 2010

18. K.W. Fricke, Opposition und Widerstand in der DDR, Köln 1984, D. Pollack/D. Rink (Hg.), Zwischen Verweigerung und Opposition. Politischer Protest in der DDR 1970–1989. Frankfurt 1997, K.-D. Henke u.a. (Hg.), Widerstand und Opposition in der DDR, Köln 1999. Zum DDR-Widerstand im gesamtdeutschen Kontext Ph. Gassert, Bewegte Gesellschaft: Deutsche Protestgeschichte seit 1945, Stuttgart 2018

19. A.O. Hirschman, Abwanderung, Widerspruch und das Schicksal der DDR, in: Leviathan 20, 2/1992, 330–358

20. Dt. Bundestag (Hg.), Materialien der Enquête-Kommission »Aufarbeitung«, Bd. I, Baden-Baden 1995, 562

21. E. Neubert, Typen politischer Gegnerschaft, in: H-J. Veen u.a. (Hg.), Lexikon Opposition und Widerstand in der SED-Diktatur, Berlin-München 2000, 15 ff.

22. Vgl. Niklas Luhmann, Protest. Systemtheorie und soziale Bewegungen, Frankfurt a.M. 1996

23. Etymologisch lässt lat. *resistere* die basale Körperlichkeit von Widerstand erkennen: Flows wie Blut, Atem und Energie werden gebremst. Für S. Freud war im Widerstand von Patienten gegen die Person des Therapeuten die Hemmung

erkennbar, Verdrängtes zu Bewusstsein kommen zu lassen.

24. Der Kulturtheoretiker Alexei Monroe kommentierte das so: »Beide Seiten sehen sich absoluten moralischen Imperativen verpflichtet: Den BDS-Befürwortern gilt es, um jeden Preis die Palästinenser zu verteidigen; den BDS-Gegnern gilt es, um jeden Preis die Israelis zu verteidigen. Für die meisten Debattanten ist diese Position nicht verhandelbar. Sie unterstützen jegliches Vorgehen »ihres« Lagers, mögliche Zweifel werden nicht zugelassen – wodurch sich der Konflikt permanent zuspitzt. Diejenigen, die Bedenken haben, äußern sich nicht, um Konflikte zu umgehen« (taz 11.8.2018). Dan Diner bemerkt dazu, dass sich die Kontrahenten in ganz verschiedenen Begriffswelten befinden und schon deswegen nicht diskussionswürdig sind. Die einen kritisieren Israel in einer kolonialkritischen Sicht – und damit im Kern; die anderen möchten eine Revision der Politik Israels nach 1967. Diner schlägt eine »gordische Lösung« vor: den Antisemitismus (gleich welcher Provenienz) zu bekämpfen, als ob es keinen Nahostkonflikt gäbe, und den Nahostkonflikt einer friedlichen Lösung zuzuführen, als gäbe es den Antisemitismus nicht, in: Chr. Heilbrunn u.a. (Hg.), Neuer Antisemitismus? Fortsetzung einer globalen Debatte, Berlin 2019.

25. H.D. Thoreau, The Resistance to Civil Government. In: Æsthetic Papers., Boston 1849, dt.: Über die Pflicht zum Ungehorsam gegen den Staat. Diogenes, Zürich 1967

26. Vgl. J. Rawls, The Justification of Civil Disobedience. In: H.A. Bedau (Hg.), Civil Disobedience: Theory and Practice, New York 1969, 240–255, Basistexte in P. Glotz (Hg.), Ziviler Ungehorsam im Rechtsstaat. Suhrkamp, Frankfurt a.M. 1983, A. Braune (Hg.), Ziviler Ungehorsam. Texte von Thoreau bis Occupy, Stuttgart 2017

27. Th. Ebert, Gewaltfreier Aufstand. Alternative zum Bürgerkrieg, Freiburg i. Br. 1968, R. Steinweg/U. Laubenthal (Hg.), Gewaltfreie Aktion: Erfahrungen und Analysen, Frankfurt a. M. 2011

28. G. Radbruch, Gesetzliches Unrecht und übergesetzliches Recht, in: Schweizerische Juristen Zeitung, 1946, 107, näher bei Tiedemann/Eisleb, 69 ff.

29. J. Brennan, When All Else Fails. The Ethics of Resistance to State Injustice, Princeton 2019

30. G. Sharp, The Politics of Nonviolent Action, Boston 1973–85, ders., Von der Diktatur zur Demokratie. Ein Leitfaden für die Befreiung, München 2008

31. H. Stein, Der bestürzende Effekt von Hitlers Trump-Rede, in: Welt, 24. 9. 2018

32. H. Graml, Europas Weg in den Krieg. Hitler und die Mächte 1939, München 1990, 9

33. So D. Dath, Hitlers Worte verraten alles – und erklären nichts, FAZ 26. 1. 2012

34. Ph. W. Fabry: Mutmaßungen über Hitler. Urteile von Zeitgenossen, Düsseldorf 1969

35. Zit. nach Fabry, a. a. O., 39 f., 41 f.

36. H. Arendt, Was ist Politik? München/Zürich 2005, 20 ff.

37. Primo Levi: »Es ist geschehen, deswegen kann es wieder geschehen. Es kann geschehen, und deswegen kann es überall geschehen«, zit. n. Zeit 6/1992

Es kann überall geschehen

1. K. Loewenstein, Verfassungslehre, 1957, J. Linz, Totalitäre und autoritäre Regime, Potsdam 2000, S. Kailitz/P. Köllner (Hg.), Autokratien im Vergleich, SH 47 PVS, 2013, A. Cassani/L. Tomini (eds.), Autocratization in post-Cold War Political Regimes, 2018

2. Neo-Patrimonialismus kombiniert nach M. Weber personale Herrschaft mit Verwaltungsstäben, die für ihre Klientel Patronage betreiben. S. N. Eisenstadt, Traditional patrimonialism and modern neopatrimonialism, Beverly Hills/CA 1973

3. http://www.ng.ru/ideas/2019-02-11/5_7503_surkov.html, FAZ 19.2.2019

4. Den Uniformtick des italienischen Vizepremiers Matteo Salvini und des österreichischen (Ex-)Innenministers Herbert Kickl glossiert H. Werning, taz 18.4.2019

5. Montesquieu (1748), Vom Geist der Gesetze, Stuttgart 1994, John Locke, Über die Regierung, Stuttgart 1974

6. L. A. Way/St. Levitsky, Elections Without Democracy: The Rise of Competitive Authoritarianism, in: JoD 13, 2/2002, 51–65; dies, Competitive Authoritarianism. Hybrid Regimes After the Cold War, Cambridge/Mass. 2012; A. Schedler (Hg.), Electoral Authoritarianism: The Dynamics of Unfree Competition, Boulder/CO 2006

7. taz 10.5.2019

8. Provokant Jason Brennan, Gegen Demokratie. Warum wir die Politik nicht den Unvernünftigen überlassen dürfen, Berlin 2017

9. Zu H. C. Andersen Des Kaisers neue Kleider (1837), A. Koschorke u. a.: Des Kaisers neue Kleider. Über das Imaginäre politischer Herrschaft. Frankfurt a. M. 2002

10. Putins Ansprache vom Februar 2017: https://www.youtube.com/watch?v=2f5bGCfu4kI

11. D. Treisman (Hg.), The New Autocracy, Washington, D.C., 2018; W. Laqueur, Putinismus, Berlin 2015, zur Schwäche Putins A. Higgins NYT 23.3.2019; M. Gessen, Die Zukunft ist Geschichte, München 2018, zur Außenpolitik Angela Stent, Putin's World: Russia Against the West and with the Rest, New York 2019

12. Der demokratische Reformprozess der 1990er-Jahre ist nicht zuletzt durch den »Markt-Bolschewismus« zerstört worden, s. P. Reddaway/D. Glinski, The Tragedy of Russia's Reforms: Market Bolshevism Against Democracy, Washington, D.C., 2000

13. A. Linčenko/D. Anikin, Osteuropa 6–8/2017, 371–382

14. M. Gabowitsch, Protest in Putin's Russia, Cambridge 2017, K. Clément, Unlikely mobilisations. How ordinary Russion people become involved in collective action, in: European Journal of Cultural and Political Sociology, 2, 3–4/2015, 211–40, und dies., Social mobilizations and the question of social justice in contemporary Russia, in: Globalizations 16, 2/2019, 155–169

15. E. Moser, Leviathan, 46, 3/2018, 355–378

16. Seine annexionsfreundliche Position zum Ukraine-Konflikt hat Nawalny 2014 relativiert und unterstrichen, das Minsker Abkommen respektieren zu wollen.

17. S. Fischer, SWP-aktuell 50/2017

18. St. Meister, DGAP-Standpunkt 4/2018

19. Die folgende Protestchronik stützt sich außer auf Tageszeitungsberichte auf den Boell-Blog von Jens Siegert und kontinuierliche Berichte in den RA, die wiederum russische Quellen aufgenommen haben, zuletzt auch Andrej Pertsev, Symbolism and Radicalization: The New Russian Protest, https://carnegie.ru/commentary/79209

20. M. Galeotti, The Vory. Russia's Super Mafia, New Haven 2018

21. K. Schlögel in der Mosse-Lecture 2018 https://www.youtube.com/watch?v=siwCVxT5w24,

22. J.B. Dunlop, The February 2015 Assassination of Boris Nemtsov and the Flawed Trial of His Alleged Killers: An Exploration of Russia's ›Crime of the 21st Century‹, Stuttgart 2018, und der Dokumentarfilm Nemtsov von Wladimir V. Kara-Murza

23. Die Obsession mit ausländischen Spionen, aber auch die Systematik der Stalin'schen Politik und die Vergesslichkeit der russischen Gesellschaft brachte im Mai 2019 der Youtuber Juri Dud mit seinem Filmprojekt *Kolyma* (14 Millionen Zuschauer) zur Sprache.

24. D. Skibo, http://www.laender-analysen.de/russland/pdf/Russ landAnalysen323.pdf

25. Dazu Th. Bremer, Kreuz und Kreml, Freiburg i.Br., 2016, und RA335/2017

26. A. Soldatov, Paradoxes of participation. Democracy and the internet in Russia 1991–2018, in: Eurozine December 2018, RA_ Themenheft 324/2016; »Livejournal« als wichtigste Blog-Plattform wurde mittlerweile gezähmt und »VK« enteignet.

27. LM 6.–7.8. 2016

28. »Die wollen nicht mehr warten«, FAZ 29.12.2018

29. NY 11.9.2018

30. M. McFaul, Is Putinism the Russian Norm or an Aberration? In: CH Oct. 2018, 251ff.

31. G. Seufert, Ein Präsidialsystem »türkischer Art«, SWP-Studie 2019/S 04

32. taz 5.2.2019

33. M. Sauer/D. Halm, Grenzüberschreitende politische Orientierungen Türkeistämmiger in Deutschland, in: Leviathan 46 – 4/2018, 493–526; A. Kaya, Turkish Origin Migrants and Their Descendants Hyphenated Identities in Transnational Space, London 2019, S. Adar, Rethinking Political Attitudes of Migrants from Turkey and Their Germany-Born Children, SWP Research Paper 7, Juni 2019

34. Die Philipp Schwartz-Initiative unterstützte bis 2018 210 Forscher aus der Türkei und Syrien. Die in Essen und Berlin angesiedelte Academy in Exile stattete bis 1. Mai 2019 24 Forscher mit drei- bis 24-monatigen Fellowships aus.

35. K. Konuk: East West Mimesis. Auerbach in Turkey. Stanford 2010

36. Zur Philologie der Weltliteratur, in: Die Narbe des Odysseus. Horizonte der Weltliteratur, hrsg. von M. Bormuth, Berlin 2017, zit. n. Literaturkritik, November 2017

37. D. Ertukel, Turkey's Civil Society. Playing the Long Game, GMF 02/2019

38. G. Seufert, Die Türkei nach den Wahlen. Alles wie gehabt und doch tiefgreifend anders, SWP-Aktuell 2018/A 38, Berlin 2018, ders., Die Türkei auf dem Weg zur Seemacht, LMD Mai 2019, 1, 10 f.

39. Kemal Kirişci, How to make concrete progress on the Global Compact on Refugees. Starting with Turkey and the EU, Washington, D. C., Juni 2019

40. NZZ 29. 5. 2019

41. I. Krastev/St. Holmes, Imitation and Its Discontents, JfD 29/3 (2019), 117–28

42. Party and state capture bezeichnen aus dem globalen Süden bekannte Methoden des Übergriffs auf gemeinwohlorientierte Institutionen: Parteien machen sich den Staat über Postenbesetzungen und Auftragsvergaben zur Beute, private Wirtschaftsunternehmen durch Korruption und Klientelwirtschaft.

43. S. Kauffmann, LM 5. 4. 2018. http://www.kormany.hu/hu/a-minis zterelnok/beszedek-publikaciok-interjuk/orban-viktor-19ever tekelo-beszede

44. FAZ 10. 1. 2019. E. Zerofsky, Victor Orbán's Far Right-Vision for Europe, NY 14. 1. 2019, Christian Thomas, FR, 21. 5. 2019

45. Dem entspricht, dass Polen binnen weniger Jahre zwei Millionen Ukrainer, als weiße und christliche Minderheit, aufgenommen hat, https://www.politico.eu/article/poland-two-faced-immigration-strategy-ukraine-migrants/

46. FAZ 11.1.2019. Auch der tschechische Premier Babiš sah kein Problem darin, Fördergelder von der gescholtenen EU zu beziehen, dem Unternehmer wurde sogar persönlich Subventionsbetrug angelastet. Dagegen veranstaltete das Netzwerk »Millionen Augenblicke für die Demokratie« im Mai/Juni 2019 Massenproteste in Prag.

47. Empirische Belege in diversen Heften von OE, etwa Themenheft 3–5/2018, in den PA und der Tagespresse

48. Maximilian Steinbeis, Wie robust ist das Grundgesetz? Ein Gedankenexperiment, APUZ 16–17, 2019, 4–9, und Dossier »Constitutional Resilience« im verfassungsblog.de

49. Seit dem April 2016 steht in Polen die öffentliche Darstellung von Namen, die an den Kommunismus erinnern, darunter »Personen, Organisationen, Ereignisse oder Daten, die das repressiv, autoritäre und nicht-souveräne polnische Regime von 1944–1989 symbolisieren«, und die (weit ausgelegte) Propaganda für den Kommunismus unter Strafe.

50. Vor allem im Banken- und Mediensektor, womit Wirtschaftsprojekte der Regierungsparteien unterstützt und Medien breite Propagandaeinwirkung (in Ungarn durch eine staatliche kontrollierte Mega-Holding im Mediensektor) garantiert werden sollte.

51. Der Warschauer Journalist Tomasz Piatek hat mit seinem 2017 erschienenen Buch *Macierewicz und seine Geheimnisse* mutmaßliche Verbindungen des damaligen polnischen Verteidigungsministers mit russischen Geheimdienstkreise aufgedeckt, er wurde wegen Verleumdung vor Gericht gezogen. Im Mai 2019 veröffentlichte Piatek einen Folgeband, in dem es um die Kontakte des polnischen Regierungschefs Mateusz Morawiecki in den Kreml und zu ehemaligen kommunistischen Geheimdienstlern geht.

52. St. Troebst, »Intermarium« und »Vermählung mit dem Meer«,

in: Geschichte und Gesellschaft. 28, 3/2002, 435–469, L. Żyliński: Mitteleuropa und Intermarium, in: H.H. Hahn (Hg.), Deutsch-polnische Erinnerungsorte 3, Paderborn 2012, 94–106

53. Zu erheblichen Unregelmäßigkeiten E. Goat/R. Boszofi, Fresh evidence of Hungary vote-rigging raises concerns of fraud in European elections, in: OD 17.5.2019

54. F. Spengler/B. Bauer, Ungarn zwischen Parlaments- und EP-Wahlen, Berlin 2018

55. Agnes Heller Interview Wiener Zeitung, 5.4.2018, und El Pais, 21.4.2019

56. J. Croituru, Die letzte Insel der Freiheit, FAZ 27.2.2019

57. A. Gagyi/T. Gerocs, The Political Economy of Hungary's New ›Slave Law‹, Kristof Szombati, Protesting the »slave law« in Hungary: The erosion of illiberal hegemony? In: Focaal Blog 1. und 9.1.2019; L. Andor, Social resistance in Hungary, SE 28.1.2019

58. https://www.politicalcapital.hu/news.php?article_read=1& article_id=2425

59. 2017 lebten mehr als 600000 Ungarn vor allem in Großbritannien, Deutschland und Ungarn, die meisten sind unter 45 Jahren alt und sind vor allem ab 2009 abgewandert.

60. Zeit Online 9.4.2019

61. K. Bachmann in PA 232, 5.3.2019

62. Angestoßen durch den Film der Gebrüder Sekielski *Bitte sag es nur Niemandem* (https://www.youtube.com/watch?v= BrUvQ3W3nV4), S. Sierakowski, NYT 18.5.2019

63. https://www.afd.de/migrationspakt-stoppen/, Interview mit G. Török, https://magyarnarancs.hu/kulpol/kellemetlenne-valt-a-fidesz-118036

64. J.-W. Müller, Should the EU Protect Democracy and the Rule of Law inside Member States, in: European Law Journal 2/2015, 141–160, U. di Fabio/M. Weber, FAS 17.3.2019

65. Chr. Möllers/L. Schneider, Demokratiesicherung in der Europäischen Union, Tübingen 2018; I. P. Karolewski/C. Leggewie, Endspiel um die Demokratie, in: Blätter 10/2018, 53–61; B. Schlipphak/O. Treib, Legitimiert eingreifen, in: APUZ 04 bis 05/2019, 26–31; P. Buras/Z. Vegh, Stop, Brüssel. Polen und Ungarn in der Europäischen Union, in: Osteuropa 3–5/2018, 99–114

66. Ireneusz P. Karolewski, Deutschland, Polen und Europa, Genshagen 2018

67. D. Webber, European Disintegration? The Politics of Crisis in the European Union, London 2018

68. St. Greenblatt, Der Tyrann, München 2018, 48

69. N. Switek (Hg.), Politik in Fernsehserien, Bielefeld 2018, 243 ff.

70. B. Woodward, Furcht. Trump im Weißen Haus, Reinbek 2018, ähnlich M. Wolff, Fire and Fury, New York 2018, ders., Unter Beschuss, Reinbek 2019, sowie Anonymous, I Am Part of the Resistance Inside the Trump Administration, New York Times 5.9.2018

71. Chr. Browning, Weimar in Washington: Die Totengräber der Demokratie, in: Blätter 11/2018, G. Wills, Resistance Means More Than Voting, in: NYRB 10.9.2018 ähnlich Leggewie in: P. Horst u.a. (Hg.), Die USA – Eine scheiternde Demokratie?, Frankfurt a.M. 2018, 391 ff. E. J. Dionne, jr. u.a., One Nation After Trump, New York 2017, St. Levitsky/D. Ziblatt, Wie Demokratien sterben, München 2018. H.-U. Gumbrecht behauptet hingegen, »dass sich kaum eine der apokalyptischen Visionen aus dem Herbst 2016 bewahrheitet hat, obwohl die Amtsführung des Präsidenten selbst die schlimmsten Befürchtungen und grotheskesten Vorstellungen täglich überbietet. Ich gehe so weit zu behaupten, dass ein ganz und gar medienabstinenter Amerikaner ... wohl gar nicht bemerken müsste, dass sich vor zwei Jahren eine Regierungsablösung vollzogen hat.« (Welt 19.1.2019)

72. N. Bermeo, On Democratic Backsliding, JoD, January 2016, M. Lewis, Erhöhtes Risiko, Frankfurt a.M. 2019, E. Osnos, Trump versus The ›Deep State‹, NY 21.5.2018

73. NYT 12.4.2019 und 31.3.2018, Andrea Pitzer, NYRB, 21.6.2019

74. C. Leggewie, Trumps disruptive Präsidentschaft wird immer riskanter, IPG 28.11.2018

75. J. Zengerle, How the Trump Administration Is Remaking the Courts, NYT 22.8.2018

76. NYT 22.8.2018, Guardian 3.4.2019, die dahinterstehende Kampagne WP 21.5.2019

77. D. Cole, How Voting Rights are Being Rigged, NYRB 27.10.2016

78. L. Greenhouse, NYT 20.12.2018, M. Höreth, Rationalität und Legitimität der Richterernennung, in: Horst u.a., 187–201, St. Breyer, Making Our Democracy Work: A Judge's View, New York 2010

79. Die Informationen stammen von Scott Shuchart, früherer Officer for Civil Rights and Civil Liberties am U.S. Department of Homeland Security.

80. WP 12. u. 13.4.2019

81. Bright Line Watch, Report on American Democracy, 1.5.2018

82. J. Purdy, Normcore, Dissent, Sommer 2018, A. Tooze, Democracy and Its Discontents, NYRB 6.6.2019

83. A.J. Lichtman, The Embattled Vote in America, Harvard 2018, aktuelle Fälle bei M. Tomasky, Fighting to Vote, in: NYRB 8.11.2018

84. Trump gewann die Wahl 2016 dort mit 306:232 Stimmen, obwohl Hillary Clinton fast 2,9 Millionen Stimmen mehr auf sich vereinen konnte. Dem von zwölf Staaten vorgeschlagenen Reformgesetz *National Popular Vote Act* müssten zwei Drittel im Kongress und drei Viertel der Einzelstaatenparlamente zustimmen. Doch werden sich die bevölkerungsärmsten Staaten ihr Stimmenprivileg kaum nehmen lassen.

85. NYRB 7.6.2018, NYRB daily 18.12.2017 und 11.1.2018
86. R. Liebermann u.a., Trumpism and American Democracy, Perspectives on Policy 17, 2/2019, 470–79
87. Laut Umfragen sähe es die Mehrheit der Amerikaner ungern, wenn ihre Kinder einen Partner aus dem gegnerischen Lager heiraten würden, S. Klar u.a., Polarized or Sick of Politics, NYT 13.4.2019
88. C. Leggewie, America first. Der Fall einer konservativen Revolution, Frankfurt a.M. 1997, St. Bierling, Die zerrissene Nation, FAZ 14.1.2019
89. M.A. Cohen, Mitch McConnell, Republican Nihilist, NYRB daily 25.2.2019
90. M. Pastor, State of Resistance, New York, London 2018
91. M. Greenberg, California: State of Resistance, in: NYRB 17.1.2019
92. http://www.spiegel.de/video/march-for-our-lives-emma-gonza lez-emotionaler-auftritt-video-99015847.html
93. NYRB 20.6.2013 und 14.7.2016
94. Den Hashtag #MeToo nutzte die Aktivistin Tarana Burke seit 2016, um Erfahrungen afroamerikanischer Frauen mit sexuellem Missbrauch zu sammeln, s. K. Mendes u.a., #MeToo and the promise and pitfalls of challenging rape culture through digital feminist activism, European Journal of Womens's Studies 25(2), 2018, 236–46
95. Als »mein Hobby« bezeichnete der Mathematikstudent Y.H., dass er 60 bis 70 Ärztinnen angezeigt hat, die auf ihren Websites darüber informieren, dass sie Abtreibungen durchführen; Menschen, die seinen Namen im Zusammenhang mit den Anzeigen öffentlich genannt haben, zeigte er ebenfalls an. Klaus Günter Annen, im Vorstand der »Christlichen Mitte«, unterhält unter seinem Namen die Website »Babycaust.de«, auf der er Abtreibungen mit dem Holocaust gleichsetzt (taz 14.11.2018).

96. 41 % der US-Frauen insgesamt wählten Trump, 52 % der weißen Frauen, ein Viertel der Latinas und 4 % der schwarzen
Frauen, https://www.pewresearch.org/fact-tank/2016/07/28/a-
closer-look-at-the-gender-gap-in-presidential-voting/

97. Welt-Dossier 19.1.2019

98. J. Völz, Rausch der Polarisierung, FAZ 5.11.2018

99. Laut dem Quinnipiac University National Poll äußerten im
Mai 2019 54 % der Wähler, sie würden Trump »definitiv nicht«
wählen, nur 31 % waren dazu »definitiv« bereit, auch nur 76 %
der Republikaner und 21 % der unabhängigen Wähler.

100. B. Fountain, Beautiful Country Burn Again. Democracy, Rebellion, and Revolution, New York 2018

101. J.A. Rhodden, Why Cities Lose. The Deep Roots of the Ur-
ban-Rural Political Divide, New York 2019, NYT 21.5.2019

102. M. Tomasky, If We Can Keep It, New York 2019

103. Zur Initiative der Senatorin Elizabeth Warren, große Medien-
konglomerate zu entflechten, NYT 8.3.2019

104. Y. Appelbaum, Impeach Donald Trump, The Atlantic, März
2019, R. Fein u.a., The Constitution Demands It. The Case for
Impeachment of Donald Trump, New York 2018, L. Greenhouse, The Impeachment Question, NYRB 27.6.2019, C. Sun-
stein, Impeachment. A citizen's guide, Cambridge/Mass. 2017,
sieht im Amtsenthebungsverfahren »unsere Rückversicherung, unser Schild und Schwert, die letzte Waffe der Selbstverteidigung«, ähnlich D. Allen, Stop Calling the Impeachment a
Political Process, WP 16.5.2019, dagegen F. Zakaria, Democrats,
there's a better strategy than impeachment, WP 25.4.2019,

105. Vgl. etwa P.L. Gourguechon, WP 16.6.2017, B.X. Lee (Hg.), Wie
gefährlich ist Donald Trump?, Gießen 2018

106. Sayu Bhojwani, People like us, New York 2018

107. The Forgotten Americans. An Economic Agenda for a Divided
Nation, New Haven-London 2018, 186f.

108. Analog zu den Reagan Democrats, die der damalige Präsident 1980 aus dem Wählerreservoir der Demokraten herausbrechen konnte

109. R. Texeira/J. Halpin, Democrats Can and Should Expand to Georgia and Arizona in 2020, in: AP 1.3.2019

110. A. Selee, Vanishing Frontiers. The forces driving Mexico and the United States together, Washington 2018, T. Jiménez, The Other Side of Assimilation, Stanford UP 2018, J.A. Vallejo, Barrios to Burbs: The Making of the Mexican American Middle Class, Stanford/CA Pew Research Center, https://www.pewresearch.org/fact-tank/2018/09/13/key-facts-about-young-latinos/

111. C. Haynes u.a., Framing Immigrants: News Coverage, Public Opinion, and Policy, New York 2016

112. K. Gaddini, https://theconversation.com/donald-trump-why-white-evangelical-women-support-him-11204

113. Enquêten von E. Griswold in NY 26.12.2018, 8.1.2019

114. P. Buttigieg, Shortest way Home. New York. 2019 und NYRB, 18.7.2019

115. K. Eisch-Angus, Absurde Angst. Narrationen der Sicherheitsgesellschaft, Wiesbaden 2019

116. V. Friedman, The Power of the Yellow Vest, NYT 6.12.2018

117. Fondation Jean-Jaurès (Hg.), Les gilets jaunes, un révélateur fluorescent des fractures françaises, Paris 2018, D. Rucht, Die Gelbwestenbewegung, Berlin 2019

118. Die Gelbwesten erinnern an den Poujadismus der 1950er-Jahre, dazu Th. Bouclier, Les Années Poujade. Une histoire du poujadisme (1953–1958), Paris 2006; R. Souillac, Le mouvement Poujade (1953–1962), Paris 2007

119. C. Pornschlegel, Das gelbe Europa-Problem, FAS 13.1.2019

Es muss nicht geschehen

1. E. Temelkuran, Wenn dein Land nicht mehr dein Land ist oder: Sieben Schritte in die Diktatur, Hamburg 2019

2. H. Lengfeld, Die Alternative für Deutschland: Eine Partei für Modernisierungsverlierer? KZfSS 69, 2 (1017), 209–232, und die Kontroverse, ebd., 70, 2 (2018), sowie J. Bender, Was will die AfD?, München 2017, M. Amann, Angst für Deutschland, München 2017, C. Koppetsch, Die Gesellschaft des Zorns, Bielefeld 2019

3. O. Sundermeyer, Gauland. Die Rache des alten Mannes, München 2019

4. https://www.deutschlandfunkkultur.de/rechtsterrorismus-in-der-bundesrepublik-verdraengte.976.de.html?dram:article_id=375999

5. V. Weiß, Die autoritäre Revolte, Stuttgart 2017, S. Salzborn, Angriff der Antidemokraten, Weinheim 2018

6. Reporter ohne Grenzen hat zur EU-Wahl die Schaffung eines EU-Kommissariats für Pressefreiheit (https://ogy.de/3zrb) und eine Kontaktstelle vorgeschlagen, an die sich zivilrechtliche Akteure wenden können (https://ogy.de/zyjh) und setzt sich dafür ein, dass Pressefreiheit, Medienpluralismus und die Unabhängigkeit von Information in Artikel 2 des Vertrages über die Europäische Union aufgenommen wird (https://ogy.de/3oel).

7. O. Niedermayer, Die AfD in den Parlamenten der Länder, des Bundes und der EU. Bipolarität im Selbstverständnis und im Verhalten, ZfParl 4/2018, 896–908, M. Jankowski/M. Lewandowsky. Die AfD im achten Europäischen Parlament, ZVgl-PolWiss 12/2018, 567–89, W. Schroeder u.a., Die AfD in den Landtagen: Bipolarität als Struktur und Strategie zwischen Parlaments- und »Bewegungs«-Orientierung, ZParl 1/2018, 91–110, und Recherchen der taz 14./15.4., 19. und 28./29.4. so-

wie 23.11.2018 zu den Mitarbeitern und Netzwerken um den Bundestag herum.

8. Interview U. Müller (Lobbycontrol) in Tagesspiegel 7.4.2019

9. Aufgedeckt durch den Juristen Maximilian Steinbeis https://verfassungsblog.de/ranks-and-titles/ s. https://www.lto.de/recht/hintergruende/h/europawahl-afd-gunnar-beck-kein-professor-kein-fachanwalt/

10. Hans Rauscher, Standard 19.5.2019

11. M. Dusini, Falter 22/2019, 28 ff.

12. A. Hänsler u.a., Die AfD vor der Bundestagswahl, Frankfurt a.M. 2017, daraus auch die folgenden Zitate

13. Andreas Lichert, Vorsitzender des Instituts für Staatspolitik (IfS) in Schnellroda, zog 2018 auf Listenplatz 5 in den Hessischen Landtag ein, ein Umstieg von der Meta- in die Parteipolitik, taz 22.10.2018. Der Geschäftsführer des IfS Erik Lehnert arbeitet beim AfD-MdB Harald Weyel, taz 23.4.2018 und 23.11.2018.

14. SZ 20.5.2019 und Recherchen des Wiener »Falter«

15. Vgl. etwa die Initiative https://flucht/hirnkost.de

16. St. Lessenich, Neben uns die Sintflut, München 2016

17. taz 30.1.2019, ähnlich S. Reinecke ebd. 20.1.2019, A. Speit ebd. 4.9.2018. Das folgende Götz Kubitschek-Zitat ebd. 10.4.2016

18. DBG-Vizechefin Annelie Buntenbach in SZ 12.11.2018, DBG-NRW, Argumente gegen Rechtspopulisten, Düsseldorf 2016

19. SZ 7.2.2019

20. A. Zick u.a., Verlorene Mitte – Feindselige Zustände. Rechtsextreme Einstellungen in Deutschland 2018/19, Bonn 2019, kritisch S. Pokorny, Wirklich so enthemmt? Über eine Studie zu rechtsextremistischen Einstellungen in der Mitte, Die Politische Meinung 540/2016, 57–60

21. Der Autor redet seit den 1980er-Jahren mit Rechten (Der Geist steht rechts, Berlin 1987), zuletzt der (von Götz Kubitschek

abgebrochene) »Versuch der Diskussion mit einem rechten Vordenker«, Welt 31.1.2017, und das Streitgespräch mit dem kulturpolitischen Sprecher der AfD, Marc Jongen, über die kulturpolitischen Angriffe der Partei in Theater der Zeit (4/2019).

22. P. Leo u.a., Mit Rechten reden, Stuttgart 2017

23. B. Brecht, Darstellung von Sätzen in einer neuen Enzyklopädie, in: Gesammelte Werke 20, Frankfurt a.M., 1967, 174

24. www.faz.net/aktuell/politik/fluechtlingskrise/beatrix-von-storch-afd-vizechefin-will-polizei-sogar-auf-kinder-schiessen-lassen-14044186.html

25. http://www.spiegel.de/spiegel/print/d-142514129.html

26. F. Hanson, Hacking Democracies, International Cyber Policy Centre, 30.5.2019

27. B. Latour/P. Weibel (Hg.), Making Things Public. Atmospheres of Democracy, Cambridge/MA 2005, U. Schneidewind, Die Große Transformation. Eine Einführung in die Kunst gesellschaftlichen Wandels, Frankfurt a.M. 2018, D. Baecker, Academic Complexity. A Sketch of Next University, Witten/Herdecke 2019

28. Die Bilanz von Győző Mátyás in der Zeitschrift 168ora, 2.6.2019, zeigt, dass das »Theaterförderungsgesetz« vor allem freie und kritische Bühnen getroffen hat.

29. B. Gäbler, AfD und Medien. Analyse und Handreichungen, Frankfurt a.M. 2017

30. R. Celikates, Ziviler Ungehorsam zwischen symbolischer Politik und realer Konfrontation, in: Frankfurter Kunstverein (Hg.), Demonstrationen. Vom Werden normativer Ordnungen, Frankfurt a.M. 2012, 352ff.

Ausblick: Wie man Autokraten loswird

1. C. Leggewie, Algerien: Abschied von Mumien, Blätter 4/2019, 33–36, lfd. die Plattformen algeria-watch und algeria-focus. Zu den Parteien in Hongkong: Ma Jian, Guardian, 28.6.2019

2. Nanz/Leggewie, Die Konsultative, Berlin, 2. Aufl. 2018; Le Parisien 18.5.2019

3. S. Hoffman, Social Credit, Australian Strategic Policy Institute, Barton 28.6.2018

4. K. Pettersson (IPG 20.5.2019) fordert eine Indexierung von Nachrichten, die den Medienpluralismus widerspiegelt.

5. A. Evers/C. Leggewie, Falsch verbunden. Zur (Wieder-)Annäherung von institutionalisierter Politik und organisierter Zivilgesellschaft, in: FJ SB 1–22018, 32–40

6. S.M. Lipset/St. Rokkan, Party Systems and Voter Alignments. Cross-National Perspectives, New York 1967

7. Große Teile der Ernst- und Jungwähler haben sich bei der Europawahl für die Grünen entschieden, zur Demokratieskepsis der U 30 aber Y. Mounk, The People vs. Democracy, Cambridge/Mass. 2018

8. A. Krouwel u.a., Macronism, Corbynism, ... huh?« Electoral Strategies of Progressive Political Parties in Europe, Bonn 2019

9. G. Lehmbruch, Verhandlungsdemokratie, Wiesbaden 2003, A. Lijphart, Thinking about Democracy, London 2008

10. C. Leggewie, »Bis hierhin wird das Wasser steigen«. Zur Klimakonferenz 1979, Zeit 13.2.2019; ders./H. Welzer, Das Ende der Welt, wie wir sie kannten. Klima, Zukunft und die Chancen der Demokratie, Frankfurt a.M. 2009; WBGU (Hg.), Gesellschaftsvertrag für eine Große Transformation, Berlin 2011

11. Roland Borgarts, FAZ 15.6.2019

12. D. Cohn-Bendit/C. Leggewie, taz 16.5.2019

Verlag Kiepenheuer & Witsch, FSC-N001512

1. Auflage 2019

© 2019, Verlag Kiepenheuer & Witsch, Köln
Alle Rechte vorbehalten. Kein Teil des Werkes darf in irgendeiner Form
(durch Fotografie, Mikrofilm oder ein anderes Verfahren) ohne schriftliche
Genehmigung des Verlages reproduziert oder unter Verwendung
elektronischer Systeme verarbeitet, vervielfältigt oder verbreitet werden.
Umschlaggestaltung: Rudolf Linn, Köln
Gesetzt aus der Freight Text und der Gotham Condensed
Satz: Dörlemann Satz, Lemförde
Druck und Bindung: GGP Media GmbH, Pößneck
ISBN 978-3-462-05329-6

Zehn Regeln für Demokratie-Retter

»Unser Demokratie-Muskel ist durch lange Passivität derzeit ziemlich untrainiert. Jetzt zwingen uns die Verhältnisse, wieder in Bewegung zu kommen. Der Anfang fällt schwer. Aber unterwegs werden wir merken, was uns gefehlt hat. Und wir werden uns umschauen und erleichtert feststellen: Wir sind sehr viele.«

Leseproben und mehr unter www.kiwi-verlag.de